2007 한국고고학저널

Journal of Korean Archaeology

한국고고학은 최근 양적, 질적으로 괄목할 만한 성장이 있었습니다. 전국적으로 어느 곳을 가나 발굴현장을 접할 수 있고, 언론보도를 통해서 새롭게 밝혀지는 많은 역사적 사실에 대한 일반국민들의 관심도 더욱 높아져가고 있습니다. 발굴조사가 대규모화되면서 수많은 다양한 유물이 출토되고 있지만, 일반국민들이 손쉽게 그리고 신속하게 한 해의 발굴조사 성과를 접하기는 제한이 있었던 것이 사실입니다. 이런 시점에서 소중한 우리 문화유산의 가치와 발굴조사 성과를 적극적으로 알릴 필요성 또한 더욱 커지고 있습니다.

우리 연구소에서는 해마다 발굴조사되는 많은 유적 중에서 학술적인 중요성을 지니고 있는 주요 유적을 선별하여 일반국민들이 쉽게 이해할 수 있는 책자를 발간해 오고 있습니다. 이번 책자에는 지난 2007년도에 조사된 한국 고고학을 대표하는 유적 41개소와 우리 연구소를 비롯한 조사기관에서 진행한 해외유적 5개소를 선별하여, 개별 유적의 조사내용과 성과 등을 간략히 설명한 본문과 관련 사진 및 도면을 수록하였습니다. 또한 개별 유적의 조사내용을 요약한 영문초록을 함께 실어 외국인들의 이해도 돕고자 하였습니다. 아울러 2007년도 발굴조사의 주요 내용을 정리한 논고 2편을 수록하여 한 해의 발굴 성과를 한 눈에 고찰할 수 있도록 하였습니다.

이 책자가 일반국민과 외국인들에게 우리나라 매장문화재의 소중한 가치를 다시금 인식하는데 작은 도움이 되길 바랍니다. 책자 발간을 위해 애쓴 편집·감수위원, 집필자, 고고연구실 직원 그리고 발굴현장에서 노력하시는 조사단 모두에게 깊은 감사를 표합니다.

2008년 11월
국립문화재연구소장 김봉건

考古學

차 례

I. 국내중요유적

Ⅱ. 해외유적

Ⅲ. 2007년도 조사현황 및 성과

考古學 연표

구석기시대	신석기시대	청동기시대	초기철기시대	원삼국시대

화순 모산리
제1유물층 조사모습

안산 신길동 주거지

울산 입암리 함정유구

사천 월성리 토광위석묘

남양주 장현리

시흥 능곡동 주거지

울산 정자동 주거지

아산 명암리 주구 토광

파주 와동리 유적전경

양양 오산리 주거지

홍천 철정리 II 주거지

완주 갈동 토광묘

경산 신대

청원 만수리
12지점 1문화층

경주 충효동 640번지 주거지와 화덕자리

가평 항사리 주거지

여수 안도패총 유적전경

마산 망곡리 수로

대구 봉무등

| | 8,000 | 1,000 | 300 | BC 1 AD |

화순 모산리 석기류

파주 와동리 접합석기

청원 만수리 긁개

시흥 능곡동 토기

양양 오산리 토기

양양 오산리 토우

여수 안도패총 결상이식

울산 입암리
토기류

밀   벼

좁쌀

천안 백석동 고재미골
탄화곡물

마산 망곡리 석기류

사천 월성리 동경

완주 갈동 동경

세형동검

우각형 파수부호

아산명암리
주구 토광묘 철기류

경주 황성동 575번지
부엉이모양 토기

원삼국시대	삼국시대	통일신라·발해	고 려	조 선

주거지 전경과 구들시설

성남 판교 석실분

문경 고모산성 지하식 목구조물과 저수시설

경주 남산 열암곡 제3사지
마애불상

개성 고려궁성
경령전과 축대

서울 경복궁 광화문지

~묘와 호형대구

담양 태목리 주거지

진주 중천리 제사유구

서울 은평구 진관동 고분군

~관묘와 철검

연기 송원리 석실분

남원산성 내 통일신라
건물지와 기와 저장소

태안 대섬
유물 노출상태

서울 종로2가 40번지
사전행랑 전경

300		676	918	1392

~산 명암리
~형대구

기장 청강·대라리
조형토기

익산 왕궁리
조경석

남한산성 내
대형기와

개성 고려궁성
이형청자와 수막새

서울 경복궁
광화문지 잡상

고창 오호리
청동인장

체르냐티노-2
발해 폐기물 구덩이
출토 골각기

대구 봉무동
목곽묘 토기

진주 중천리
투구형 토제품

부여 왕흥사지
사리기

태안 대섬
향로

I. 국내 중요 유적

발굴조사 개요

유적명	조사기관	기 간	면 적
화순 모산리 도산유적	조선대학교 박물관	2007. 4. 26~9. 9	1,895㎡
파주 와동리유적	(재)기전문화재연구원	2006. 6~2008.3	11지점-4,973㎡, 12지점-1,420㎡, 16지점-22,199㎡, 19지점-9,712㎡
청원 만수리유적	(재)한국선사문화연구원	2005. 1~2007. 10	총 14개 지점 29,776㎡
안산 신길동유적	(재)고려문화재연구원	2005. 11. 1~2007. 6. 9	신석기시대 조사지역 18,136㎡
시흥 능곡동유적	(재)기전문화재연구원	2004. 10. 15~2007. 10. 10	318,856㎡(발굴조사 63,870㎡)
양양 오산리유적(C지구)	(재)예맥문화재연구원	2006. 12. 18~2007. 7. 13	약 2,000㎡
여수 안도패총	국립광주박물관	2007. 1. 2~4. 1	약 2,950㎡
울산 입암리유적	(재)울산문화재연구원	2007. 4. 23~12. 8	11,383㎡
울산 정자동유적	(재)울산발전연구원 문화재센터	2007. 4. 26~9. 13	11,550㎡
홍천 철정리Ⅱ유적	(재)강원문화재연구소	2006. 2. 14~10. 31	126,509㎡
천안 백석동 고재미골유적	(재)충청문화재연구원	2006. 10. 9~2008. 3. 11	127,961㎡
경주 충효동 640번지유적	(재)신라문화유산조사단	2006. 3. 21~2007. 3. 39	24,793㎡
마산 망곡리유적	(재)우리문화재연구원	2007. 4. 9~2008. 2. 13	32,352㎡
진주 평거동유적(Ⅱ지구)	(재)경남문화재연구원	1차-2005. 2. 1~2006. 7. 25, 2차-2006. 12. 22~2009.1.(예정)	97,000㎡
사천 월성리유적	(재)우리문화재연구원	2007. 11. 9~2008. 1. 17	4,923㎡
완주 갈동유적	(재)호남문화재연구원	2006. 12. 14~2007. 3. 13	17,000㎡
남양주 장현리유적	(재)중앙문화재연구원	2006. 7. 12~2008. 4. 3	31,850㎡
제주 하귀1리유적	(재)호남문화재연구원	2006. 10. 12~2007. 6. 10	59,736㎡
아산 명암리 밖지므레유적	(재)충남역사문화연구원	2006. 6. 5~2007. 12. 29	80,300㎡
경산 신대리유적	(재)영남문화재연구원	2006. 3. 2~2008. 4. 18	104,490㎡
가평 항사리유적	(재)고려문화재연구원	2006. 3. 27~2008. 4. 30	40,336㎡
경주 황성동 575번지유적	(재)영남문화재연구원	2004. 12. 15~2008. 1. 20	5,332㎡
대구 봉무동유적	(재)영남문화재연구원	2004. 12. 20~2008. 1. 16	30,306㎡
성남 판교유적	한국문화재보호재단	2002. 12. 20~2008. 5. 26	143,212㎡
기장 청강 · 대라리유적	(재)경남문화재연구원	2005. 6. 7~2008. 6. 30	40,260㎡
청도 성곡리유적	(재)경상북도문화재연구원	2006. 12. 7~2008. 12. 11	36,800㎡
문경 고모산성	(재)중원문화재연구원	2005. 12. 27~2007. 6. 19	14,400㎡
고창 오호리유적	(재)전북문화재연구원	2007. 3. 2~2007. 9. 19	15,800㎡
부여 쌍북리 현내들 · 북포유적	(재)충청문화재연구원	2006. 12. 19~2007. 6. 6	현내들-7,615.97㎡, 북포-3,388.1㎡
부여 왕흥사지	국립부여문화재연구소	8차-2007. 3. 28~2007. 11. 26	3,300㎡
익산 왕궁리유적	국립부여문화재연구소	2006. 12. 30~2008. 2. 19	8,000㎡
담양 태목리유적	(재)호남문화재연구원	2007. 3. 12~2008. 6. 3	94,101㎡
진주 중천리유적	(재)우리문화재연구원	2006. 9. 14~2007. 4. 10	13,860㎡
연기 송원리유적	(재)한국고고환경연구소	2007. 4. 30~2008. 7. 30	124,575㎡
경주 남산 열암곡 제3사지	국립경주문화재연구소	2007. 3. 22~8. 10	1,000㎡
남한산성행궁지 내 통일신라건물지	한국토지공사 토지박물관	7차-2005. 5. 2~2006. 8 8차-2006. 6. 7~2007. 12. 21	4,120㎡ (통일신라시대 유구)
개성 고려궁성유적	국립문화재연구소	2007. 5. 18~2007. 7. 13, 2007. 9. 3~2007. 11. 16	총 30,000㎡ (발굴-3,000㎡)
태안 대섬 수중발굴조사	국립해양유물전시관	2007. 7. 4~10. 24	3,140,000㎡
서울 경복궁 광화문유적	국립문화재연구소	2007. 7. 4~2007. 11. 23	2,300㎡
서울 은평 진관동유적	(재)중앙문화재연구원	2006. 9. 6~2007. 10. 27	88,881㎡
서울 종로2가 40번지유적	(재)한울문화재연구원	2007. 10. 1~2007. 11. 30	약 405㎡

II. 해외 유적

유적명	조사기관	기 간	면 적
서아무르 트로이츠코예유적	국립문화재연구소, 러시아과학원 시베리아지부 고고학민족학연구소	2007.7.7~8.22	약 110㎡
연해주 체르냐티노-2유적	한국전통문화학교, 러시아 극동국립기술대학교, 러시아과학원 극동지부 역사학고고학민속학연구소	2007. 6. 28~8. 3	체르냐티노-2유적: 약 238㎡ 체르냐티노-5고분군: 108㎡
연해주 바라바시-3유적	부경대학교 사학과, 러시아과학원 극동지부 역사학고고학민속학연구소	2007. 6. 25~7. 14	64㎡
이란 야르샬만 동굴유적	한양대학교 문화재연구소, 이란고고학연구소, 길란주 고고학연구소	2007. 7. 5~7. 26	지표조사
몽골 도르릭나르스유적	국립중앙박물관, 몽골 국립역사박물관 몽골 과학아카데미 고고학연구소,	2006. 7. 22~8. 23 2007. 7. 6~8. 24	

유적분포지도

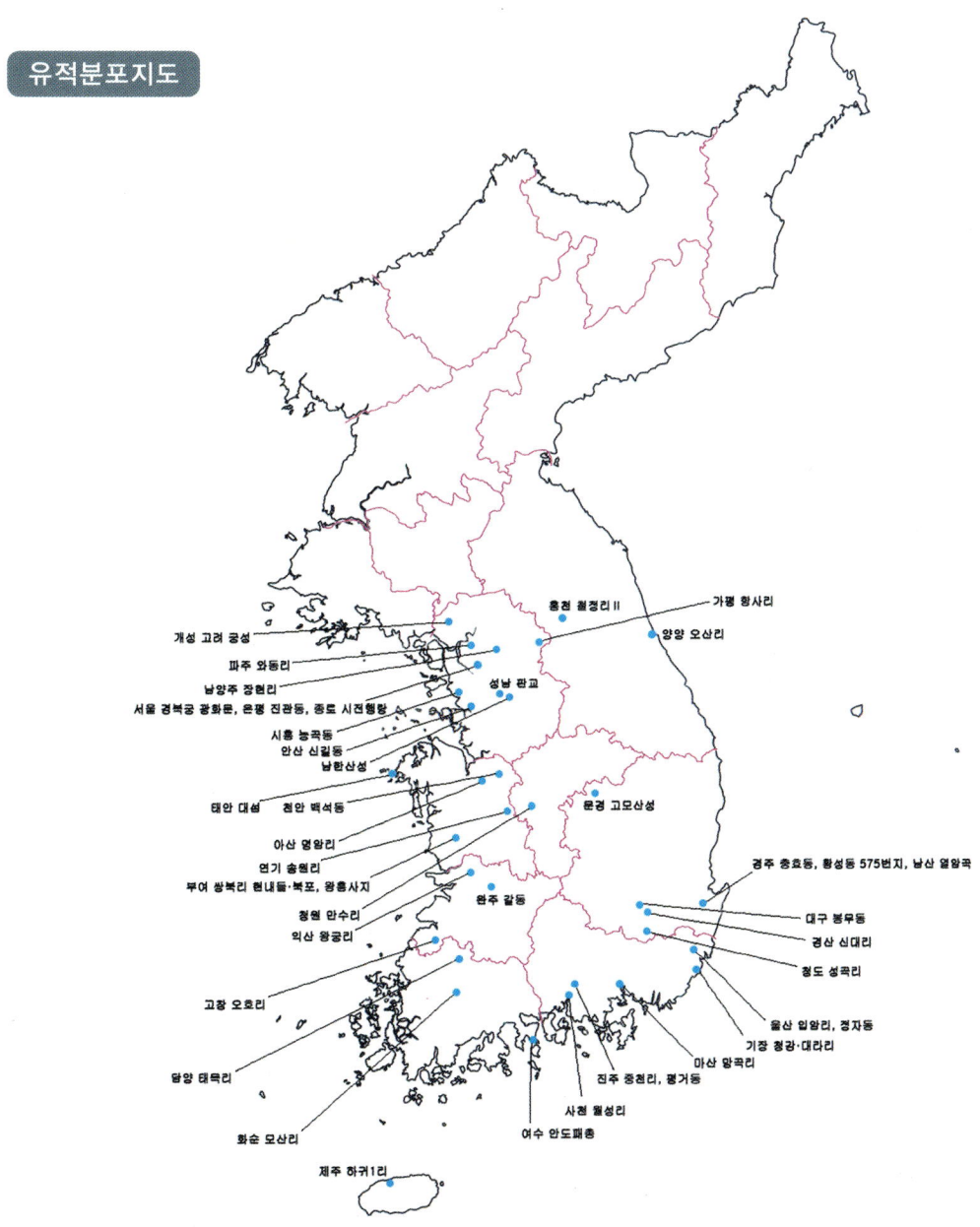

Ⅰ. 국내중요유적

| Journal of Korean Archaeology |

영산강유역 최고(最古)의 석기군
The Dosan site, Mosan-ri, Hwasun

조선대학교 박물관

도산유적은 화순-이양간 도로 확포장 공사를 계기로 1999년과 2007년 두 차례 발굴되었다. 이 유적은 영산강의 지류인 지석강변에 있는 한데유적으로 비호산(해발 129.5m) 기슭에 자리하며, 약 5천여 평으로 추산된다.

유적의 층위는 기반암 위에 모두 6개의 지층으로 이뤄져 있고, 이 중 4개의 지층에서 유물이 발견되었다. 위로부터 제2지층인 '명갈색 찰흙

제1유물층 조사모습
Excavation of the First Cultural Layer

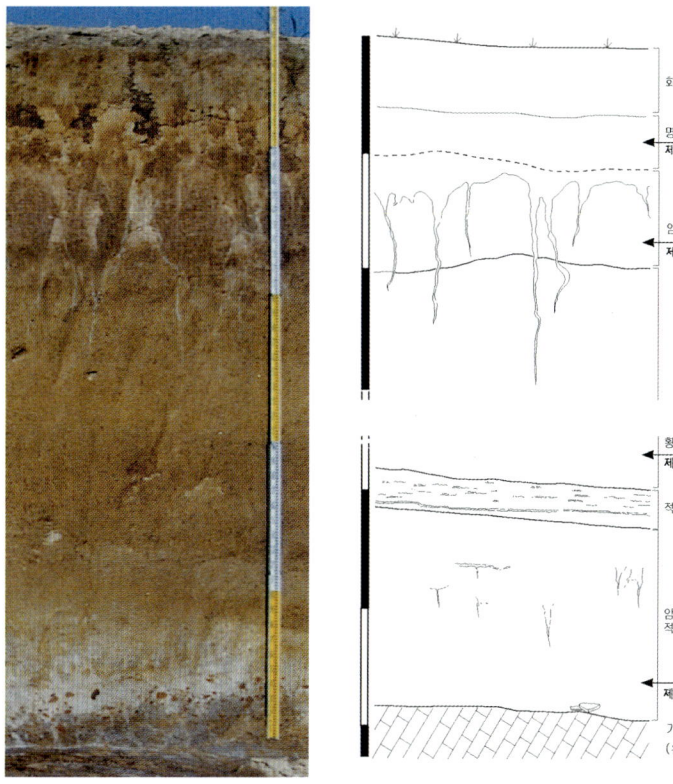

토층단면 및 층위도
Stratigraphy

층'(제4유물층)에서 60여 점, 제3지층으로 토양쐐기가 발달한 '암갈색 찰흙층' 하부(제3유물층)에서 9점, 제4지층인 '황갈색 모래질찰흙층' 하부(제2유물층)에서 1,200여 점, 제6지층인 '암편 낀 적갈색 니사질찰흙층' 하부(제1유물층)에서 1,600여 점의 석기가 나왔다.

제1~3유물층의 돌감 종류는 석영맥암, 규암, 안산암질용암, 편암, 사암 등으로 거의 같으나, 제4유물층에서는 유문암 등의 산성화산암이 새로 쓰였다. 이런 석재들은 오늘날에도 지석강변에 크고 작은 자갈의 형태로 분포하고 있어, 이 일대는 구석기인들이 석재를 마련하기 좋은 여건이었다고 생각된다.

제1유물층의 석기 종류는 몸돌, 격지, 망치와 모룻돌, 찍개류, 공모양 석기, 여러면석기, 밀개, 긁개 등이며, 서로 붙는 대형 몸돌과 중·대형의 격지들이 망치돌과 함께 드러났다. 제2유물층은 제1유물층의 석기 종류들과 함께 주먹도끼, 주먹찌르개(pick), 주먹자르개(cleaver), 주먹대패(rabot) 등이 나와 이른바 '주먹도끼석기군'으로 분류된다. 제3유물

제1유물층 출토 석기
Artefacts from the First
Cultural Layer

제2유물층 출토 석기
Artefacts from the Second
Cultural Layer

층은 주먹찌르개와 찍개가 포함되어 있어 제2유물층에 가까운 양상이다.
제4유물층은 산성화산암제 돌날몸돌과 좀돌날몸돌로 대표된다.

  이처럼 도산유적은 마지막 간빙기 이후 최근까지 퇴적된 지층에서 '주
먹도끼석기군'에서 '돌날·좀돌날석기군'으로 발전하는 4개의 유물층
이 차례로 드러났고, 각 단계를 대표하는 전형의 석기들이 나와서, 영산
강유역뿐 아니라 우리나라의 구석기문화를 편년하고 이해하는데 매우 귀
중한 문화유산이라고 하겠다.

(집필 : 이기길)

제3유물층 주먹찌르개와 찍개
Pick and Chopper from the Third Cultural Layer

제4유물층 유문암제 격지와 돌날몸돌
Flake and Core from the Fourth Cultural Layer

The Dosan site, Mosan-ri, Hwasun

Dosan in Hwasun is an open site placed in the Yeongsan River basin excavated in 1999 and 2007. A total of 12 Palaeolithic sites are distributed in this area. Among six strata sediment over bedrock, artefacts were discovered in four cultural layers, approximately 1,600 in Cultural layer no.1 accumulated in the bottommost, 1,200 in Cultural layer no. 2, nine in Cultural layer no. 3 and 60 in Cultural layer No. 4 respectively. Assemblage of lithics yielded in Cultural layer no. 1 included cores, flakes, hammerstones, anvils, choppers, polyhedrons, spheroids, scrapers and end-scrapers. Cultural layer no. 2 was represented by the hand-axe industry containing hand-axes, picks, cleavers, choppers and polyhedrons. Cultural layer no. 3 had picks and choppers, and Cultural layer no, 4 was represented by microblades. In this context, the Dosan site provides invaluable resources to elucidate the chronological sequence between the mid and upper Palaeolithic in that four successive cultural layers show the evolutionary process of lithic industry.

나지막한 구릉지대의
곳곳에 형성된 구석기유적
Wadong-ri, Paju

기전문화재연구원

유적 언저리에는 해발 20~30m 이하의 구릉지대가 발달되어 있으며, 작은 골짜기가 형성된 지역을 중심으로 제4기 갱신세의 고토양이 비교적 폭넓게 남아 있다. 유적에서 북쪽으로 약 3~4km 떨어진 곳에는 곡릉천이 흐른다. 구석기시대 유물은 위로부터 3지층(밝은 갈색 찰흙층, 1유물층), 5지층(적갈색 모래질 찰흙층, 2유물층), 6지층(갈색 모래질 찰흙층, 3유물층)에서 출토되었다.

조사 전경
View of the Wadong-ri Site

문화층 유물출토면
The First Cultural Layer

1유물층에서는 수정제 몸돌을 비롯하여 격지·조각(debris)·잔손질된 석기 등이 발굴되었다. 그 가운데 석영을 돌감으로 이용하여 만든 몸돌·격지·조각·밀개 등이 집중출토되어 관심을 끈다. 유물 중에서 서로 되붙는 석기가 여러 점 발견되었는데, 이와 같은 자료는 당시 구석기인들의 석기제작수법과 행위를 이해하는데 도움을 준다. 소형 밀개도 10여 점 출토되었다. 목탄의 방사성탄소연대측정(AMS) 결과는 12,070±230 BP로 나왔다. 2유물층에서는 석영맥암에서 유래된 암편들이 전면적으로 깔려 있으며, 이들 암편 사이에서 몸돌·격지·주먹도끼·찍개·여러면석기·망치돌·모룻돌 등이 발견되었다. 돌감의 대부분은 석영맥암이며, 규암 또는 석영제 자갈돌도 일부 들어 있다. 3유물층에서는 굵은 모래와 닮은 흔적을 보여주는 암편들 사이에서 몸돌·격지·주먹도끼·찍개·여러면석기 등이 산발적으로 출토되었다.

와동리 유적은 대체로 구석기시대 중기~후기에 형성된 것으로 추정된다. 이 유적 주변에는 파주 금파리, 주월리·가월리, 장산리, 연천 전곡리, 일산 신도시 개발지역 등과 같은 곳에 구석기유적이 분포하고 있다. 특히 최근 김포 일대에서 조사된 구석기유적은 이 유적과 유사한 퇴적 양상을 보여준다. 앞으로 주변 지역에서 발굴된 여러 유적과의 비교연구를 통하여 유적의 형성과정과 고환경 및 구석기인들의 생활상이 자세하게 복원되길 기대한다.

(집필 : 김기태·송용식, 감수 : 한창균)

접합석기 Stone Tools

주먹도끼 Hand-axe

양면찍개와 대패 Chopper and Plane

여러면석기 Polyhedron

여러면석기 Polyhedron

1 문화층 출토석기 Stone Tools from the First Cultural Layer

2 문화층 출토 석기 Stone Tools from the Second Cultural Layer

Wadong-ri, Paju

Wadong-ri in Paju, the Paleolithic site situated on the gentle slope of hillside, is composed of three Strata. The first cultural layer formed on the uppermost yielded cores, flakes and end-scrapers made from quartz which inform the stone-tool making technology. The second cultural layer had cores, flakes, hand-axes, choppers, polyhedrons and hammerstones made from quartz and quartzite, and the third cultural layerwas represented by cores, flakes, hand-axes, anvils and polyhedrons. The dates of the Wadong-ri site are estimated to be the mid-upper Paleolithic. Comparative studies between the Wadong-ri site and other Paleolithic sites distributed in the northern Gyeonggi province, such as Gumpa-ri, Gawol-ri and Jangsan ri in Paju, Jeonggok-ri in Yeon, cheon and several sites unearthed in Gimpo that show similar depositional patterns with the Wadong-ri-site would offer important clues to reconstruct environmental and subsistent patterns of the Paleolithic Era.

금강 유역에서 전개된 자갈돌석기문화의
발달과정을 보여주는 유적

Mansu-ri, Cheongwon

한국선사문화연구원

'청원 만수리 구석기유적'으로 명명된 이 유적은 행정구역상 청원군 만수리와 연제리를 포함한다. 이 일대에는 제4기 갱신세 퇴적층이 구릉 지대 언저리를 중심으로 매우 폭넓고 두텁게 분포하고 있으며, 유적 앞 으로 넓은 충적지가 형성되어 있다. 유적의 동쪽으로 약 4㎞ 떨어진 곳 에 미호천이 흐른다.

만수리유적은 중부지역에서 발굴된 구석기유적 중에서 규모가 가장 크 며, 지금까지 14개 지점을 대상으로 구석기시대 퇴적층이 조사되었다. 퇴적층의 최대 두께는 10m에 이르며, 약 1만여 점의 석기가 출토되었

14지점 전경
View of the Sector No.14

해발	층위		단면모식도	퇴적물	색조	연대측정값		
	지층	문화층(유물층)				1지점	2지점	11지점
38m	12			점토	10YR 5/1(reddish gray)			
37	11	5		점토	10R 4/6(red)			
	10			점토	10YR 6/8(light red)			
36	9	4		점토	7.5YR 5/8 (strong brown)	31±1.1 Ky 31±1.2 Ky [AMS] 32.8±1.7 Ky		
	8	3		점토	10R 4/8(red)	92 Ky 19 Ky [OSL] 51 Ky		
35	7	2		점토	10R 6/6(light red)	95 Ky 53 Ky [OSL] 52 Ky		
34	6			점토	2.5YR 5/6(red)	44 Ky [OSL]	67±2 Ky [OSL]	
	5			점토	2.5YR 5/6(red)			
33	4			점토	10YR 5/8 (yellowish brown)			
	3	1		점토	2.5Y 6/2 (light brownish gray)	103 Ky [OSL] 568-528 Ky (MIS 14) Loess-paleosol 층위 편년		
32								
31				모래		44 Ky		34±2 Ky
30	2			↓		68 Ky [OSL]	65±4 Ky [OSL]	33±3 Ky [OSL]
				실트질모래		49 Ky		35±3 Ky
29								
	1			자갈 (단구층)				
28				기반암				

층위별연대측정값
Radiocarbon Date

다. 유적의 층위는 크게 기반암 풍화토–하성퇴적층–사면퇴적층으로 구분된다. 미호천에 가까운 1지점의 경우, 기반암 풍화토 위에 단구층을 비롯한 하성퇴적물(최대 두께 4m)이 쌓였으며, 그 윗부분에 놓여 있는 찰흙층(최대 두께 6m)에는 1~6매에 이르는 토양쐐기구조가 발달하였다.

발굴된 지점에 따라 1~5개에 걸치는 유물층이 확인되었다. 각 유물층에서 발굴된 석기의 돌감은 주로 석영과 규암으로 이루어졌으며, 우리나라 후기 구석기유적에서 볼 수 있는 혼펠스계의 암질은 나타나지 않았다. 출토 유물로는 주먹도끼·주먹찌르개·찍개·여러면석기·몸돌·격지·조각 등이 대부분을 차지하며, 지점별로 긁개·홈날·밀개·뚜르개·부리날 등의 잔손질된 석기도 관찰된다. 출토 유물의 대다수는 구석기시대 전기~중기에 속하는 것으로 추정된다. 아래 유물층에서는 산소동위원소기 14기(568,000~528,000년 전)에 해당하는 연대값이 제시된 바 있다.

현재 한국, 일본, 프랑스의 관계 분야 전문가들이 참여하여 만수리유적의 형성과정과 당시의 자연환경 및 퇴적층의 형성시기에 대한 자연과학분석과 연구가 진행 중에 있다. 이러한 과정을 통하여 얻는 성과는 금

강 유역을 배경으로 전개된 자갈돌석기문화의 발달과정을 새롭게 이해
하는데 크게 이바지할 것으로 생각된다.

(집필 : 서대원 · 천권희, 감수 : 한창균)

Mansu-ri, Cheongwon

Mansu-ri in Cheongwon is the largest Palaeolithic site located in the central region of Korean peninsula. Approximately ten thousand lithics have been uncovered in fourteen points. Reddish brown silt layer formed in the

1문화층 출토 석기
Stone Tools from the First
Cultural Layer

3문화층 출토 찍개
Stone Tools from the Third
Cultural Layer

4문화층 출토 긁개
Scraper from the Fourth Cultural
Layer

12지점 1문화층 유물출토모습과
주먹도끼
Artefacts from the First Cultural
Layer in the Sector No.12

Pleistocene deposits on river drifts, which sediment above the bedrock. Most of artefacts are made from quartz and quartzite. Although core tools, such as hand axes, choppers, polyhedrons and pointed tools, scrapers, end-scrapers, projectiles, and flake tools, such as scrapers, end-scrapers and projectile points, are identified, most of specimens are residual products by producing stone tools comprising cores and debris. Nowadays, geological and environmental investigations carried out by Korean, Japanese and French researchers are undertaken to establish chronology of strata and reconstruct natural environment in those time.

대규모 취락을 형성한 신석기시대 마을유적

Singil-dong, Ansan

고려문화재연구원

안산 신길동유적은 경기만 일대의 해안지역 가까운 곳에 자리를 잡고 있다. 이 유적에서 발굴된 신석기시대 주거지는 모두 24기에 이른다. 1기를 제외한 대부분의 주거지는 해발 14~20m 내외의 낮은 구릉지에 위치하며, 구릉 정상부를 중심으로 동쪽에 10기, 서쪽에 13기가 분포하는 양상을 보여준다. 24기 중에서 19기는 화재를 당하였던 것으로 나타난다.

유적전경
View of the Singil-dong Site

신석기시대 주거지 배치상태
Plan of the Singil-dong Site

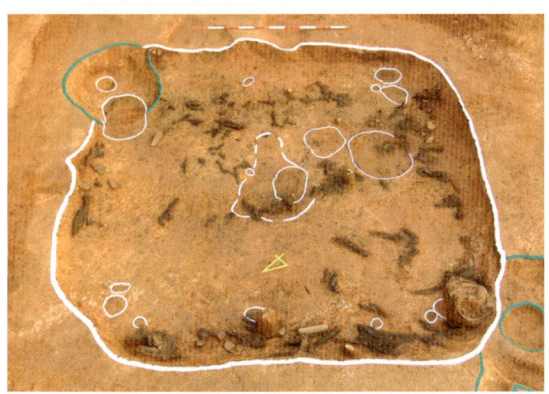

1호 주거지 Dwelling No.1

10호 주거지 Dwelling No.10

　주거지는 기본적으로 모를 약간 둥글린 정사각형(길이 3.5~4.5m)의 평면형태를 띠고 있으며, 그 중앙에 구덩형 화덕자리[竪穴式 爐址](지름 45~80㎝, 깊이 8~20㎝)가 공통적으로 시설되었다. 4주식의 기둥배치(깊이 40㎝ 내외)가 특징적으로 나타나고, 여기에 보조기둥(깊이 5~30㎝)을 활용했던 흔적도 관찰된다. 폐기된 것으로 추정되는 갈판과 굴지구 등의 석재를 이용하여 기둥구멍이 보강된 경우도 있다. 출입시설과 저장시설 및 야외 화덕자리는 확인되지 않았다.

　토기는 대체로 서해안식 뾰족밑토기, 무늬가 없는 납작밑토기, 이형토기 등으로 구분된다. 구연부에는 단사선문·점열문 등이 시문되었고, 동체부에서는 어골문·사선문·파상점열문 등이 관찰된다. 이 중에서 구연부에 단사선문, 그리고 동체부에 어골문을 시문한 형태가 가장 높은 비율을 차지한다. 1호 · 9호 · 16호 주거지에서는 높이가 40㎝를 넘는 대형토기가 1점씩 출토되었고, 5호와 21호 주거지에서는 민무늬의 납작밑 토기가 1~2점, 그리고 3호 주거지에서는 주머니호 모양의 이형토기가 1점 발굴되었다. 석기류에는 갈판과 갈돌, 돌도끼, 굴지구 등의 생활도구가 있다.

최근 인천 삼목도, 을왕동, 시흥 능곡동, 기흥 농서리 유적을 비롯하여 영종도에서도 취락 유적이 발견되고 있다. 이들 유적에 대한 종합적인 연구성과는 주거지의 성격뿐만 아니라 당시의 생활환경, 사회구성, 교류 등 신석기시대 생활상 전반을 폭넓게 이해하는데 크게 이바지할 것으로 기대된다.

(집필 : 이종안, 감수 : 한창균)

1호 주거지 출토 토기 Pottery (Dwelling No.1)

16호 주거지 출토 토기 Pottery (Dwelling No.16)

3호 주거지 출토 토기 Pottery (Dwelling No.3)

5호 주거지 출토 토기 Pottery (Dwelling No.5)

갈돌
Grinding Stones

갈판
Grinding Stones

Singil-dong, Ansan

Singil-dong in Ansan is one of the largest Neolithic settlement sites in the central-western Korean peninsula. A total of 24 Neolithic dwellings have been identified. Floor plan of dwellings is square-shaped, which a hearth is located in the centre of settlement and four pillar holes are distributed in each side. Various types of pottery including the typical mid-western type conical-based combwares, flat-based plain jers, big jar and eccentric-shaped potteris have been unearthed. Stone tools are composed of grinding stones ard ground stone axes that the cutting edge is biconvex and hoes. Nowadays, several Neolithic sites have been identified in the central-western Korea A systematic research to these sites will offer important clues to reconstruct natural environment, social structure and trade network of the Neolithic era.

서해안지역의 신석기시대
대단위 마을유적

Nunggok-dong, Siheung

기전문화재연구원

이 유적에서 발굴된 24기의 신석기시대 주거지는 해발 30m의 작은 구릉 정상부에 위치하고 있다. 주거지의 평면형태는 대부분 모를 둥글린 직사각형이다. 한 변의 길이는 300~350㎝ 또는 400~450㎝ 내외이고, 잔존깊이는 약 30~40㎝이다. 주거지 안에서 화덕자리, 기둥구멍, 구, 구덩 등이 확인되었다. 각 주거지 중앙에는 구덩형 화덕자리가 1기

유적 원경
View of the Nunggok-dong Site

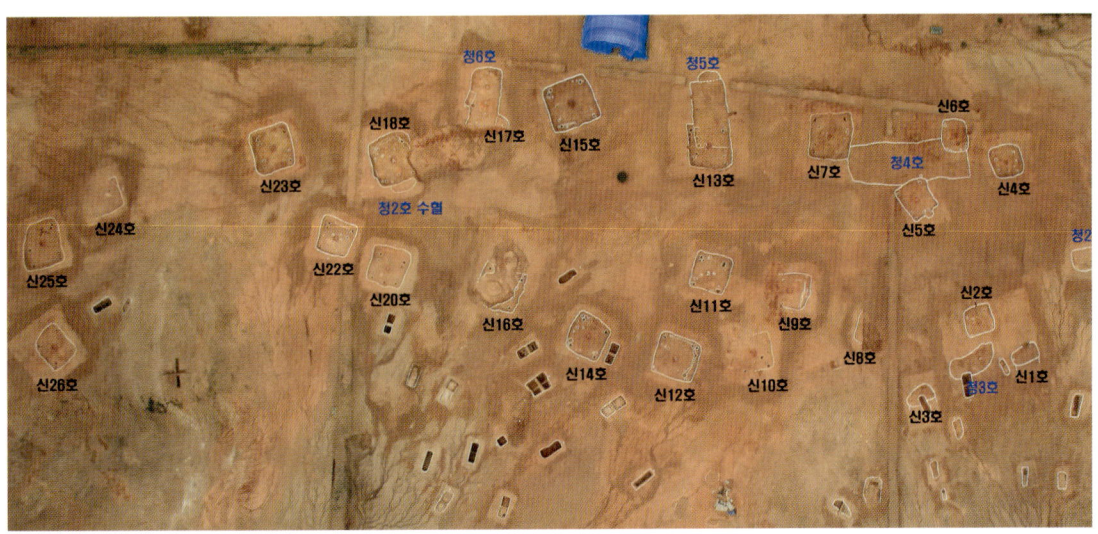

신석기시대 및 청동기시대 주거지 전경 View of the Neolithic and Bronze Age Dwellings

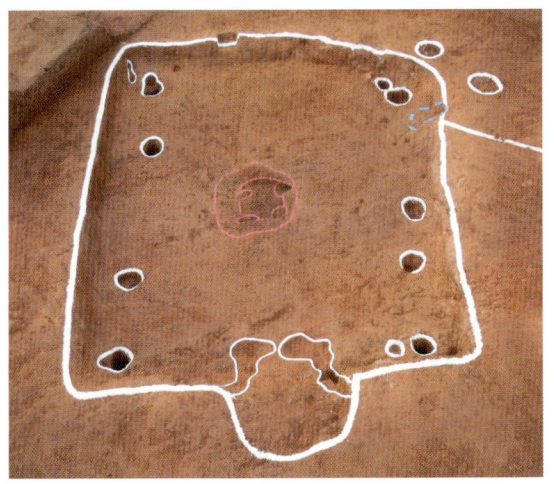

5호 주거지 Dwelling No.5

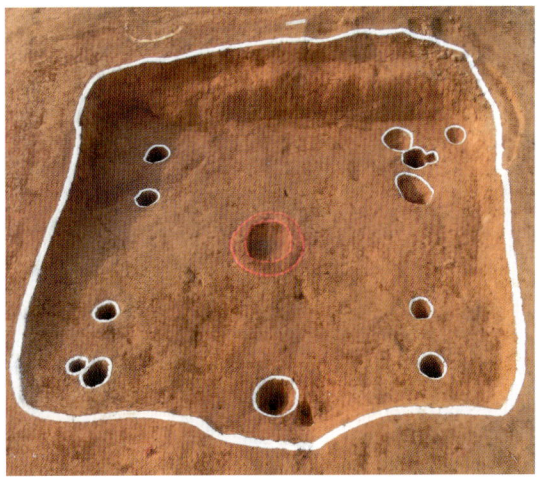

20호 주거지 Dwelling No.20

씩 시설되었고, 기둥구멍의 배치형태는 4주식 · 6주식 · 8주식으로 이루어진다.

구분문계 토기의 경우, 구연부에는 단사선문 · 점열문 · 조문 등의 무늬가 있고, 동체부에는 횡주어골문 · 집선문 · 파상문 등이 나타난다. 동일문계 토기의 대부분은 구연부에서 동체부까지 다치구에 의한 횡주어골문이 시문되었다. 토기의 기형은 중서부지역 빗살무늬토기의 전형적인 특징을 지닌 뾰족밑토기로서 구연부는 직립되었다. 납작밑토기도 일부 확인되었다. 주거지에 따라 망치돌 · 갈돌 · 갈판 · 화살촉 · 굴지구 등

6호 주거지 Dwelling No.6

12호 주거지 Dwelling No.12

의 석기가 1~2점씩 출토되었다.

시흥 능곡동유적은 최근 조사된 안산 신길동유적, 기흥 농서리유적 등과 비교할 때, 유적의 입지조건, 주거지의 형태, 출토 유물 등에서 서로 유사한 점을 많이 지니고 있다. 이미 조사된 인천 삼목도유적, 오이도패총 등 주변 신석기유적에 대한 비교연구는 서해안지역의 신석기문화를 새롭게 이해하는데 큰 도움이 될 것으로 기대된다.

(집필 : 홍성수, 감수 : 한창균)

7호 주거지 출토 토기
Pottery from Dwelling No.7

16호 주거지 출토 토기
Pottery from Dwelling No.16

23호 주거지 출토 토기
Pottery from Dwelling No.23

Nunggok-dong, Siheung

A total of 24 Neolithic dwellings were identified in the Nunggok-dong site, in Siheung, where situated on the summit of hill rising 30 metres above sea level. Square-shaped dwellings that plan a pit-shaped hearth, pillar holes, ditches and pits were uncovered. Decorative pattern of pottery is divided into two styles; multi-decoration type that oblique or dot lines design rim and body is engraved by herringbone pattern, and one-decoration type that both rim and body is designed by herringbone pattern. Most of potteries are composed of conical-based combware, but a few flat-based plain jars were identified. Stone implements constitute hammerstones, grinding stones, arrowheads and hoes. The pattern of dwelling and assemblage of artefacts of the Nunggok-dong site are considerably similar with the Singil-dong site in Ansan and the Nongseo-ri site in Gihung.

조문

삼각점열문

단사선문

사각점열문

동체부문양(집선문)
Pottery Body Pattern

동체부문양(횡주어골문)
Pottery Body Pattern

구연부 문양
Pottery Rim Pattern

원형점열문

우리나라에서 가장 오래된 신석기시대 주거지가 확인된 유적

Osan-ri, Yangyang (District C)

예맥문화재연구원

이 유적은 서울대학교 박물관에 의하여 조사된 지점에서 동쪽으로 70m 떨어진 곳에 있다. 해발 4~5m 높이에서 갱신세의 황갈색 찰흙층이 드러났으며, 그 상면에 흑색 모래질 찰흙층이 퇴적되었고, 그보다 위쪽에는 여러 층으로 구분되는 사구가 형성되었다. 흑색 모래질 찰흙층에서 신석기시대 조기문화층에 해당하는 순수 무문양토기와 압날점열구획문을 시문한 적색마연토기가 발견되었다. 가운데층에서는 융기문토기를 포함하는 전기문화층, 그리고 위층에서는 침선문을 공반하는 중기문화층이 발굴되었다. 이 유적에서는 6기의 주거지를 비롯하여 융기문토기가 출토되는 저습지 유구가 확인되었다.

진흙다짐으로 바닥을 만들었던 5호 원형주거지(지름 3.6m)는 조기문화층에 속한다. 비록 토기는 출토되지 않았지만, 층위상 융기문토기와 종래의 오산리식토기보다 앞서는 시기에 해당하는 것으로 가늠되며, 그

신석기시대 조기문화층 출토 동물토우
Animal Clay Doll from the Early
Phase of the Neolithic Era

유적원경 View of the Osan-ri Site

1호 주거지 노지 Hearth in Dwelling No.1

2호 주거지 노지 Hearth in Dwelling No.2

연대는 기원전 6천년 무렵으로 추정된다. 한편 조기문화층에 해당하는 지층에서는 앞에서 말한 토기를 포함하여 결합식낚시바늘·석촉·돌도끼·토우 등과 함께 후기 구석기시대의 전통이 남아 있는 좀돌날몸돌과 좀돌날 등이 발굴되었다. 압날점열구획문토기는 석영이 혼입되지 않은 정선된 찰흙을 사용하여 제작되었고, 기벽은 매우 매끄럽게 정리된 특징을 지니고 있다. 바닥부분은 작고 평편하며, 바닥에 비하여 구연부가 매우 넓은 발형이고, 구연부 가까이에 작은 손잡이를 붙였다.

융기문토기가 출토된 주거지(1~4호)들은 크기가 대형이고, 중앙에 냇돌을 이용하여 만든 정사각형, 직사각형, 오각형 등의 화덕자리가 마련되어 있었다. 2호 주거지(길이 7.8m, 너비 6.8m, 깊이 0.5m)의 면적은 53㎡이며, 오각형의 화덕자리가 시설되어 있다.

오산리 C지구에서 출토된 토기는 순수 무문양토기, 압날점열구획문+적색마연토기→오산리식토기→융기문토기→침선문토기와 같은 변천과정을 보여준다.

(집필 : 고동순, 감수 : 한창균)

1호 주거지 출토 토기
Pottery from Dwelling No.1

2호 주거지 출토 토기류
Pottery from Dwelling No.2

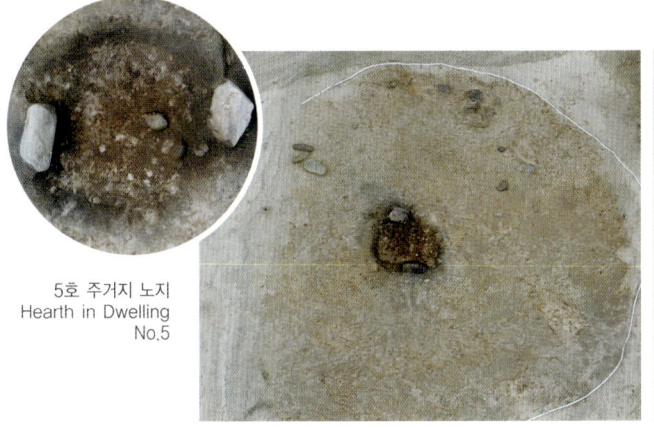

5호 주거지 노지
Hearth in Dwelling
No.5

5호 주거지 Dwelling No.5

4호 주거지 Dwelling No.4

신석기시대 조기문화층 출토 토기류
Pottery from the Early Phase of the Neolithic Era

Osan-ri, Yangyang (District C)

District C, the Osan-ri site, is located in eastwardly 70 metres away from the spot excavated by Seoul National University Museum. This site is situated in a sand dune that have formed since the Holocene. A total of six Neolithic dwellings, one in the early phase, four in the lower phase and one in the middle phase, were excavated. Cultural strata are divided into three layers. The upper layer stratum is dated to the mid-Neolithic Era including herringbone design pottery, the middle stratum is identified in the lower-Neolithic Era comprising raised design bowls, and the lower layer is estimated to the early-Neolithic Era constituting plain potteries and impressed dot line potteries. Type of stone implement is distinguished between a majority of polished stone tools, such as fishhook shanks, arrowheads and axes, and a minority of the chopped stone tools, such as microblades and microcores.

남해안 지역 및 일본 구주 지역과의
문화적 상관성을 밝히는 교두보
An-do Shell Mound, Yeosu

국립광주박물관

안도는 여수시에서 동남쪽으로 약 35㎞ 떨어져 있다. 이 섬은 동도(東島)와 서도(西島) 두 개의 작은 섬으로 연결되어 있으며, 안도패총은 마을의 서쪽에 해당하는 서도에 위치한다. 이 유적에서는 신석기시대의 무덤, 주거지, 화덕자리 등 25기의 생활유구가 조사되었다. 무덤은 모두 토광묘이며, 그 중에서 2기는 큰 돌로 덮여져 있었다. 무덤 안에서는 합장된 2구의 인골과 팔목에 5개의 팔찌를 낀 인골 등이 발굴되어 주목을

유적 원경
View of the An-do Shell
Mound Site

유적 전경
View of the An-do Shell
Mound Site

신석기시대 1호 무덤 인골 노출모습
Human Skeleton in Tomb No.1

신석기시대 야외노지
Hearth

결상이식
Earrings

받고 있다. 출토 유물은 토기류, 석기류, 골각기류 등 500여 점에 이르며, 흑요석기 · 석시(石匙) · 결상이식 · 융기문토기 · 조가비팔찌 등 남해안 지역 및 일본 구주 지역과 밀접한 관계가 있는 자료들이 포함되어 있다.

유적의 퇴적층은 크게 패각층 형성시기와 그 이후 시기의 것으로 구분된다. 패각층에서 발굴된 융기문토기로 가늠할 때, 이 층의 형성시기는 신석기시대 전기에 해당하며, 패각의 형성 완료시점은 신석기시대 중 · 후기로 추정된다.

지금까지 전라남도에서는 여수 송도, 신안 가거도, 완도 여서도 유적 등에서 신석기시대 패총유적이 발굴되었다. 안도패총에서 출토된 다양한 유구와 유물의 성격은 남해안 지역과 일본 구주 지역의 신석기시대 매장풍습 및 문화교류 등을 폭넓게 이해하는데 중요한 발판이 될 것으로 보인다.

(집필 : 조현종 · 윤온식, 감수 : 한창균)

조가비팔찌
Shell Bracelet

석시(돌숟가락)
Stone Spoon

흑요석
Obsidians

An-do Shell Mound, Yeosu

An-do (An Island) is placed in southeastwardly away from Yeosu city, where two small islands, which dimension is 3.96㎢, are interconnected. The An-do shell mound site is located in the western island. A total of 25 Neolithic features constituting pit burials, dwellings and hearths were unearthed. Amongst pit burials two graves, one is two persons were burring together, the other is five shell bracelets put on the wrist are important. Approximately 500 artefacts comprising potteries, stone implements and bone implements were discovered, among them, obsidian flakes and shell bracelets have been extensively identified in the south coastline in Korean peninsula and Kyushu in Japanese archipelago. This site is the most exuberant site amongst four Neolithicsites, An-do and Song-do (Song Island) in Yeosu, Gageo-do (Gageo Island) in Sinan, Yeoseo-do (Yeoseo Island) in Wan-do (Wan Island) which have identified in the South Jeonra Province. Archaeological results of this site might illustrate the funeral procedures of the Neolithic Era in this area and network of the cultural interchange between the south coastline in Korean peninsula and Kyushu in Japanese archipelago.

태화강변의 청동기시대 대규모 함정유구

Ipam-ri, Ulsan

울산문화재연구원

울산 입암리유적은 태화강변 충적지에서 청동기시대 마을과 함정유구가 울산지역에서 처음으로 확인된 유적이다. 유적은 태화강이 'U'자상으로 곡류하는 충적지의 자연제방과 그 배후습지에 입지하고 있다. 유적 내 토양층위는 현경작층을 포함하여 크게 6개의 층으로 구분되는데, 그중 2층에서는 통일신라시대 수혈과 목책 유구, 4층에서는 청동기시대 함정유구와 주거지, 입석유구, 그리고 5층에서는 청동기시대 경작유구가 확인되었다.

통일신라시대 유구는 주로 자연제방 상에 밀집 분포한다. 성격을 정확히 알 수 없는 수혈이 대부분인데, 그 중 단야공방지(67호)로 추정되는 것이 1기 확인되었다. 구는 평면형태가 'ㄷ'자상인데, 2열(내구, 외구)이 1조를 이루며, 내부에서 목책 흔적이 확인되었다. 구의 남북 길이

함정유구 전경
View of Pitfall Structure

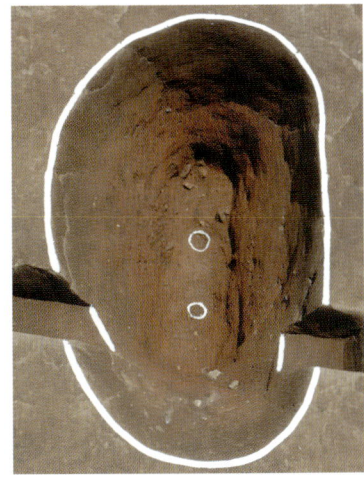

4호 함정유구 Pitfall No.4   21호 함정유구 토층 Stratigraphy of Pitfall No.21

는 1호가 44m이며, 연접되는 각 구의 길이는 1/2 정도로 줄어드는데, 계획적으로 구획하였음을 알 수 있다. 연꽃무늬막새편과 토기 등의 출토유물로 보아 상한연대가 7세기 중엽으로 추정된다.

청동기시대의 유구는 3개의 층에서 확인되었는데, 대부분 자연제방상에 위치한다. Ⅳ-1층에서 확인된 함정유구 27기는 열상으로 배치되어 있다. 장축은 등고선에 직교하고, 열(列)은 등고선과 평행한다. 평면형태는 장타원형이며, 단면형태는 완만한 'V'자형과 'Y'자형이 있다. 바닥에는 소혈(창을 박았던 시설)이 2개씩 있다. 함정 사이의 간격은 1.3~6.2m, 함정의 규모는 장축 1.6~2.2m, 단축 1.0~1.4m, 깊이 1.2m 내외이다. 바닥의 소혈은 직경 10㎝ 내외, 깊이 10~30㎝이다. 토층상

유적 원경
View of the Ipam-ri Site

청동기시대 30호 주거지 출토 어망추 Net Sinkers

청동기시대 주거지 출토 석기 Stone Implements

에서 창이 박힌 채 부식된 흔적이 확인되었는데 창의 총길이는 45~50㎝ 정도이다. 2호 주거지를 파괴하고 조성된 것으로 볼 때, 주거지보다는 후대로 판단된다.

주거지는 평면형태가 방형과 장방형이며, 내부에서 노지와 주혈이 확인되었다. 울산식 주거지의 대표적 특징인 벽구와 돌출구(배수구)는 확인되지 않았다. 이는 주거지의 입지조건에 따라 다른 것으로 판단된다.

입석유구는 높이 50~70㎝, 너비 15㎝ 정도로 소형이다. 울산 지역에서 처음으로 조사되었는데, 그 용도와 성격이 마을 어귀에 세웠던 입석과 유사한지는 종합적으로 검토해야 할 것이다.

Ⅳ-3층에서는 이랑과 고랑을 가진 밭유구가 극히 일부 지역에서 확인되었다. Ⅴ-1층에서는 구에 의해 'ㅁ'자와 유사한 형태로 구획된 유구가 확인되었는데 밭유구로 보는 견해가 일반적이다. 각 층에서 확인된 밭유구는 자연제방에서 배후습지로 연결되는 약간 경사진 곳에 위치한다.

유물은 주로 주거지에서 출토되었는데, 검단식토기인 낟알문이 새겨진 파수가 붙은 항아리[把手附甕], 세로 방향의 선 무늬가 새겨진 목긴항아리[長頸壺], 붉은간토기[紅陶], 반달모양돌칼[半月形石刀], 홈자귀[有構石斧], 가락바퀴[紡錘車], 그물추[漁網錘] 등이 출토되었다. 유물로 볼 때 유적의 연대는 청동기시대 후기 전반에 해당된다.

이상과 같이 입암리유적에서는 울산 지역 처음으로 태화강변 충적지에서 여러 문화층이 확인되었다. 특히 청동기시대 함정유구와 주거지는 입지에 따른 용도와 구조를 연구할 수 있는 좋은 자료라고 할 수 있다.

(집필 : 김경화, 감수 : 이청규)

Ipam-ri, Ulsan

The Ipam-ri site in Ulsan located in the alluvial plain of the Taewha River yielded settlements and pitfalls dated to the Bronze Age. Cultural layer was composed of one United Silla stratum and three Bronze Age strata. Features of the United Silla constituted pit structures, which function was not clearly identified, and ditches and wooden fence lines. Unearthed artefacts indicate

1호 소형입석유구 Stone Monument No.1

12호 주거지 Dwelling No.12

the date of these features was the 7th AD. Most of features dated to the Bronze Age were situated on the natural levees. 27 pitfalls uncovered Stratum no IV-1 that the major axes lay at right angle with contour line and the row were distributed parallel with contour line installed in dot lines. Internal ditches and drainage ditches, which is a typical type of the Ulsan-type dwelling were not identified in this site; these structural differences are estimated to the different settlement location of the Impam-ri site. Stone monuments ranging 50 and 70 cm in height and around 15 cm in width have been identified firstly in the Ulsan basin. In addition, cultivation fields constituting ridges and furrows were uncovered in this site. Most of artefacts discovered in dwellings indicate that this site was occupied in the early phase of the Late Bronze Age.

청동기시대 주거지 출토 토기류 Potteries from the Bronze Age Dwellings

동해안의 해안 구릉 취락 유적

Jeongja-dong, Ulsan

울산발전연구원 문화재센터

　울산 정자동유적은 해발고도 60~75m의 구릉성 산지 정상부 평탄면에 위치하는 청동기시대 마을유적이다. 확인된 유구는 청동기시대 주거지 48동인데, 주능선의 정상부를 중심으로 북동-남서 방향으로 구릉 양쪽사면을 따라 배열되어 있고 형태는 장방형과 방형이 주를 이룬다. 주거지 부속시설로는 벽구와 노지, 주혈, 배수구, 벽주혈 등이 확인되고 있다.

　조사된 주거지 중에서 가장 큰 규모인 1호 주거지는 길이 10.3m, 너비 5.1m, 깊이 45cm이다. 내부시설로는 주혈, 노지, 벽구, 배수구 등이

유적 원경
View of the Jeongja-dong Site

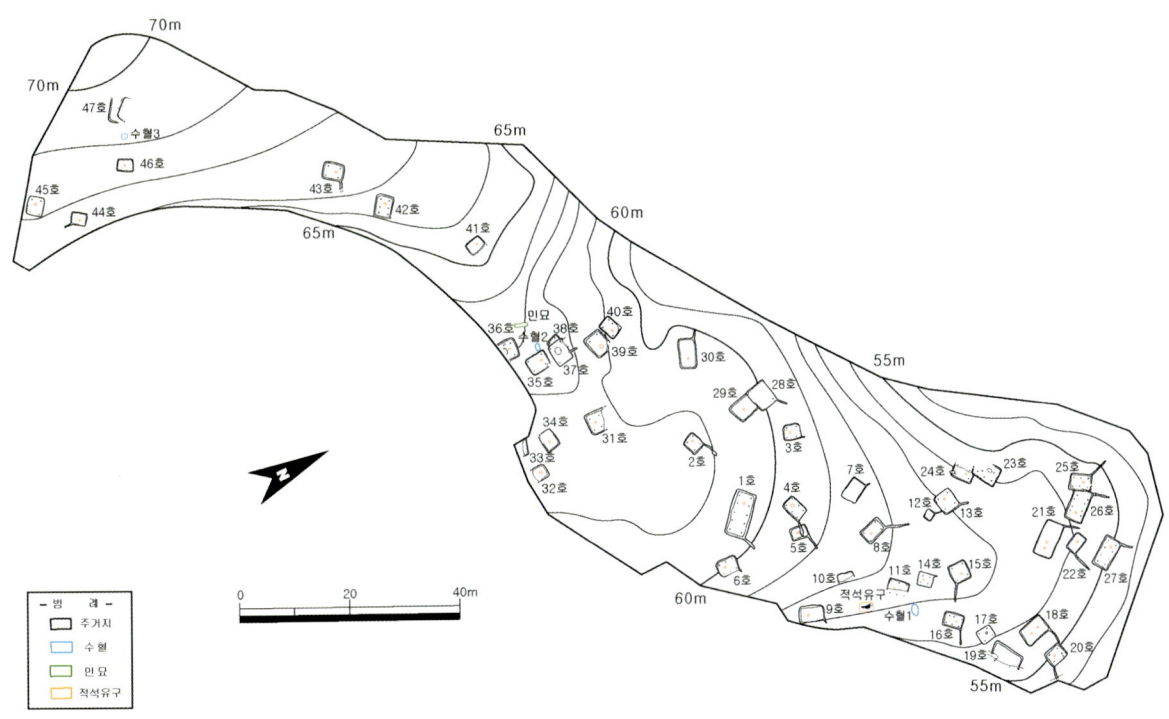

유구배치도 Plan of the Jeongja-dong Site

석기류
Stone Implements

있다. 주혈은 10주식이며 노지는 수혈식으로 원형이다. 벽구는 네 벽면
모두 설치되어 있으며 단면 U자상이다. 배수구는 북동방향의 모서리에
설치되어 있고 규모는 길이 36cm, 너비 60cm, 깊이 약 35cm이다.

　25호와 26호 주거지는 구릉의 평탄한 말단부에 위치하며 해발고도는
약 55~56m이다. 25호 주거지가 26호 주거지를 파괴하고 들어선 것으
로 보아 시간상으로 26호 주거지가 25호 주거지보다 이른 유구이다. 25

유적 전경 View of the Jeongja-dong Site

1호 주거지 Dwelling No.1

호 주거지는 화재주거지로, 바닥면이 대부분 경화면을 이루고 있으며 주주혈은 6주식으로 지름 약 14~18㎝, 깊이 약 20㎝ 내외이다. 노지는 북쪽 단벽으로 치우쳐져 설치되었으며 단면형태는 원형이다. 벽구는 네 벽면에서 모두 확인되며 배수구는 북서쪽으로 길게 뻗은 형태이다. 26호 주거지는 길이 7.5m, 너비 4.2m, 깊이 47㎝이다. 주주혈은 8주식이고 원형의 노지는 남쪽 단벽에 치우쳐서 설치되었다. 벽구는 네 벽에 모두 설치되었으며 배수구는 암거식으로 남서쪽으로 뻗어있다.

발굴 조사에서 확인된 청동기시대 유물의 수는 많지 않으며, 공렬문과 단사선문의 무문토기류와 석기류가 주를 이루고 있다. 무문토기 중 기형을 알 수 있는 것으로는 5호, 9호, 40호, 42호 주거지에서 출토된 발형토기와 27호 주거지에서 출토된 단도마연토기, 25호 주거지에서 출토된 호형토기 정도이다. 석기는 석촉과 석부, 석창, 석착, 반월형석도,

미완성석기, 지석 등 다양한 종류가 출토되었고, 그 중 가장 많은 수가 출토된 것이 석부류인데 대부분이 합인석부이다. 그 외 출토품 중 방추차는 석제와 토제가 있고 어망추는 대부분의 주거지에서 1~3개 정도씩 출토되었으며 형태는 원통형과 구슬형이다.

이 유적은 해안의 비교적 높은 구릉 정상부에 위치하는 마을 유적으로서 향후 울산지역의 청동기시대 주거지 연구와 해안성 취락의 생활상을 알 수 있는 중요한 자료가 될 것으로 기대된다.

(집필 : 배은경, 감수 : 이청규)

Jeongja-dong, Ulsan

Jeongja-dong in Ulsan is a Bronze Age settlement site located on the flat land of hill peak. A total of 48 dwellings were identified. Square-shaped and semi-rectangular shaped dwellings installed internal ditches, hearths, pillar holes and drainage ditches. Unearthed artefacts was composed of Mumun potteries (plain earthenware) inscribing dot lines and oblique lines, stone tools including arrowheads, axes, semi-lunar reaping knives and chisels, spindle wholes and net sinkers.

토기류 Potteries

북한강 상류지역
선사시대 최대의 복합유적

The Cheoljeong-ri II site, Hongcheon

강원문화재연구소

홍천 철정리 II 유적은 원주지방국토관리청에서 실시하는 국도 44호선 구성포-두촌간 도로확장 및 포장공사 구간 중 장남천 선형변경구간(총 연장 1.75km)에 해당한다. 유적은 높고 험준한 산악지대 사이에 형성된 북한강의 상류 지류인 장남천의 동남안에 형성된 자연제방의 충적대지 (해발 168~170m)에 분포하고 있다. 확인된 유구는 230기 이상인데 신석기시대 적석유구 2기, 청동기시대 주거지 66기, 주구묘 9기, 석곽묘

A지구 전경
View of the District A

1기, 석관묘 2기, 철기시대 주거지 19기, 삼국시대 석실묘 4기 등이다.

66기가 확인된 청동기시대 주거지는 규모, 평면형태, 내부시설, 출토 유물 등에 따라 크게 조기, 전기, 중(후)기의 세 시기로 구분된다. 조기의 주거지는 11기로 대형 (장)방형의 평면형태를 띠며 내부에는 다양한 형태의 위석식노지와 초석 등의 시설을 갖추고 있다. 유물은 심발형의 각목(절상)돌대문토기, 파수부토기를 비롯하여 삼각만입석촉, 장방형석도, 단추형토제품, 공구형석기 등의 유물이 출토되었다.

전기 주거지는 9기가 확인되었는데 (세)장방형의 평면형태를 띠고 대부분 수혈식노지를 설치하였으며, 심발형의 공렬토기, 호형토기, 적색마연토기와 이단경식석촉, 삼각만입석촉, 합인·편인석부, 반월형석도 등이 출토되었다. 중(후)기 주거지는 40여 기가 확인되었으며 (장)방형의 평면형태를 띠고 내부에는 수혈식노지와 함께 이색점토구역과 작업공 같은 특수한 시설을 갖춘 것이 많다. 유물은 무문의 심발형토기, 호형토기, 내만구연토기와 함께 일단병식석검, 일단경식(일체형)석촉, 유구석부, 소형의 주상편인석부 등이 출토되었다. 한편, 이러한 유물이 출토되는 58호 주거지에서는 소형의 철기가 출토되었는데 연대측정을 실시한 결과 B.C.620년과 B.C.640년으로 확인되어 주목된다.

19기가 확인된 철기시대 주거지는 출입구의 형태에 따라 '여(呂)'자형 혹은 '철(凸)'자형으로 구분된다. 노지는 부석식(A-1호)인 것도 있지만 대부분은 불막음돌이나 점토 둑을 설치한 수혈식이며, 판석과 점토로 구성된 터널식노지를 갖춘 것(C-1호)도 확인되었다. 유물은 경질무문토기와 타날문토기가 주종을 이루고 한식계토기(A-1·10호)도 출토되었으

청동기시대 조기 주거지(A-21호)
Dwelling No.A-21 (The Early Bronze Age)

청동기시대 전기 주거지(A-54호)
Dwelling No.A-54 (The Lower Bronze Age)

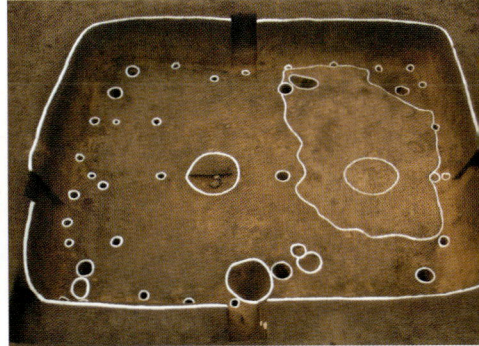

청동기시대 중(후)기 주거지(A-15호)
Dwelling No.A-15 (The Middle (Late) Bronze Age)

철기시대 주거지 노지(C-1호) Hearth No.C-1(the Iron Age)

6호 주구묘 Stone Cist Tomb with Ditched Enclosure No.7

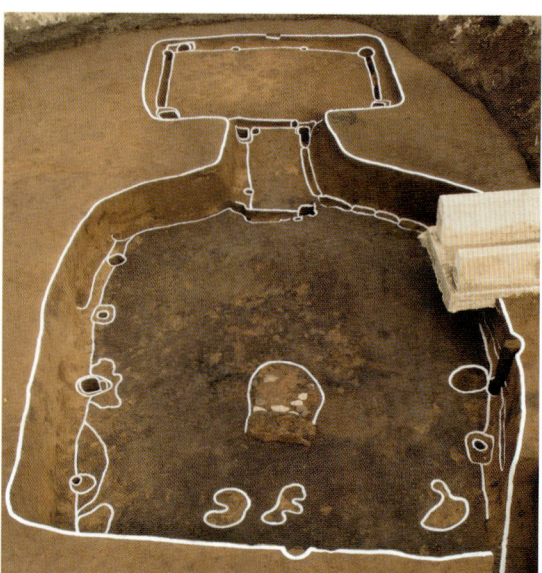

철기시대 주거지(A-1호) Dwelling No.A-1 (the Iron Age)

A-58호 주거지 출토 철기
Iron Implement from Dwelling No.A-58

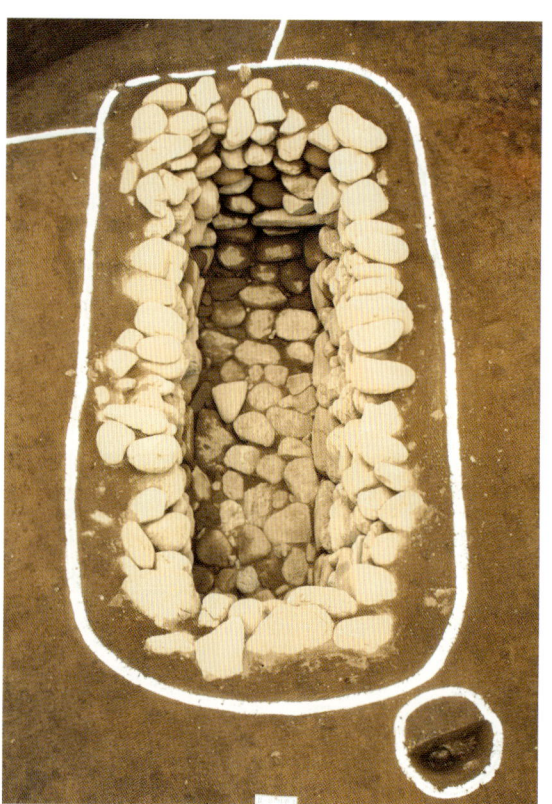

석곽묘
Stone-lined Tomb

Address No.640 in Chunghyo-dong, Gyeongju

A total of 38 dwellings dated to the Bronze Age were identified at the site of Address No.640 in Chunghyo-dong, Gyeongju. Floor of square-shaped and rectangular-shaped dwellings were found or natural weathering rock bed or hardened soil by fire. Hearth was installed on the centre of dwelling. Type of dwelling is categorised by pillar hole varied, foul holes, six holes and eight holes, and several dwellings installed pillar holes with irregular patterns. Unearthed artefacts were composed of bowl with perforated rim, bowls with oblique line pattern, red burnished potteries, stones knifes, stone arrowheads, stone axes and whetstones. Amongst 38 settlements, three dwellings installed hearth with stone base with surrounding boulders have been firstly identified in the Gyeongju basin. The date of this type of dwelling is supposed to be the early phase of the Bronze Age based on the unearthed attached rim potteries with relief.

주거지 출토 토기류
Pottery

새김덧띠무늬토기 구연부 Pottery

관개시설이 확인된 청동기시대의 마을

Manggok-ri, Masan

우리문화재연구원

이 유적은 진북 일반지방산업단지 조성사업의 일환으로 조사되었는데, 우리나라 청동기시대 최초로 암거형 배수시설이 마련된 수로가 확인되어 이 시기 농업생산 관련 수리관계를 파악하는데 있어 중요한 자료를 마련하였다. 청동기시대 유구로서는 주거지 5기, 고상식건물지 7기, 무덤 33기, 수로 및 암거형 배수시설, 추정 논 경작지 등이 확인되었다. 이 유적의 서쪽으로도 환호로 연결된 주거지 6기, 무덤 15기 등

수로암거시설 2지점 세부
Detail of Culvert Point No.2

수로 전경 View of Irrigation Channel

수로암거시설 1지점 세부
Detail of Culvert Point No.1

석관묘 전경
View of the Stone Cist Tomb

4호 석곽묘
Stone Cist No.4

이 경남고고학연구소에 의해 조사 확인되었다.

선상지성 곡저평야로 진동천에 의해 형성된 자연제방과 배후습지 그리고 선상지 말단의 저지대에 위치하는 유적의 입지상, 생활유구와 무덤 등은 비교적 안정적인 자연제방상의 미고지에, 추정경작지와 수로 및 암거시설 등은 배후습지에 입지하여 한정된 공간을 적절하게 이용하였음을 잘 보여준다.

배후구릉지의 완경사면에 조성된 수로는 논 경작지로 공급되는 용수의 제어 및 급수를 적극적으로 관리하기 위한 시설로서 배후습지로 연결되는 지선의 유입부에는 암거형 배수시설이 약 36m 거리를 두고 2지점에 각각 설치되었다. 이 시설은 경사면에 면한 수로의 남서쪽 굴광선에 주변 진동천에서 쉽게 구할 수 있는 안산암 및 이암혼펠스 재질의 냇돌을 이용하여 가로눕혀 3~5단 쌓고, 그 아래에 이암혼펠스재의 판석을 폭 20~30㎝ 간격을 두고 2열 세우고 그 위에 편평석을 덮어 조성하였다.

무덤은 유적의 중앙에서 진동천을 향해 남-북으로 진행되는 배후습지를 사이에 두고 양 쪽 가장자리 자갈층에서 총 33기가 확인되었다. 유

8호 석곽묘
Stone Cist No.8

석검 노출장면
Stone Dagger in
Stone Cist No.8

구의 장축은 대부분 남–북 방향이며 일정한 간격과 열을 두고 분포하는데 5개군으로 나눌 수 있다. 매장주체부 시설의 형태에 따라 상자형[箱型]과 돌덧널형[石槨型] 돌널무덤[石棺墓], 나무널무덤[木棺墓], 돌뚜껑 있는 나무널무덤[石盖土壙墓], 순수움무덤[土壙墓] 등으로 인근 마산 진동유적에서 확인된 대부분의 무덤 형식이 확인된다.

돌널무덤은 25기로 유적내의 자갈층 전체에 걸쳐 분포한다. 판석재와 평편석의 이암혼펠스를 이용하여 1매 또는 여러 매를 서로 어긋나게 덮은 다중개석(多重蓋石)의 예, 개석이 확인되지 않은 예, 목재 또는 유기물로 덮은 예 등 다양하다. 벽석은 모두 판석재를 이용하여 1매를 세워 조립하거나 2~3매를 연접하거나 일부 서로 겹쳐 이어 조립하였다. 주검바닥[屍床石]은 1매 또는 2매 이상의 판석을 이어 전면에 깔았다. 무덤에 사용된 석재들은 대부분 면을 잘 다듬었는데 시설 규모에서나 부장유물에서 차이를 보이는 것은 묻힌 사람의 신분과 나이에 의한 것으로 판단된다.

석검 및 석촉
Stone Daggers and Arrowheads

　무덤에서 출토되는 유물로는 골아가리토기[口脣刻目文 鉢], 붉은간토기[紅陶], 돌칼[有柄式磨製石劍], 돌화살촉[三角灣入石鏃・有莖式石鏃], 천하석재 둥근옥[丸玉], 벽옥재 대롱옥[管玉] 등이 있다. 한편 관 바깥의 충전석 사이에 매납된 토기 및 돌화살촉 등은 개석을 덮기 전에 매납된 것으로 이를 통해 장송의례의 행위가 있었음을 가늠할 수 있다.

　한편, 신석기시대의 태선문 빗살무늬토기 파편이 출토된 야외노지 2기를 비롯하여, 겹아가리토기파편[二重口緣土器片], 갈돌, 갈판 등 신석기시대로 표지되는 유물이 지표에서 수습되었는데, 마산만 일대에서는 처음으로 신석기시대의 유구가 조사되어 그 의의가 크다고 할 수 있다.

(집필 : 이진주, 감수 : 이청규)

Manggok-ri, Masan

The Manggok-ri site in Masan is situated on alluvial fan of the Stream Jindong. Manggok-ri is a complex Bronze Age. site that is composed of five pit dwellings, seven pile buildings, 33 graves, water supply and drainage ditches and paddy fields. Distributional pattern of features well represent that occupants of this site properly adjusted to the environmental factors as scen residential and burial areas were located on the natural levees, and irrigation channels, drainages and cultivating fields were distributed in marsh. One of the important results of this survey is the discovery to the irrigation system of the Bronze Age that has been firstly uncovered in the Korean peninsula. In addition, archaeological features of the Neolithic Era have been firstly identified in the Masan Bay.

적색마연토기 Red Burnished Potteries

청동기시대 · 삼국시대 대규모 취락

Pyeonggeo-dong, Jinju

경남문화재연구원

진주 평거동유적은 대한주택공사에서 시행중인 진주 평거 3택지 개발
사업에 따라 발굴조사가 실시되었다. 청동기시대에서 삼국시대에 이르
는 대규모 취락유적으로 수혈건물지, 지상식 건물지, 매장유구, 경작유
구 등의 분포양상을 통해 당시의 취락구조를 이해할 수 있으며, 당시 수
혈건물 건축의 정형성과 취락 및 사회구조의 일단면을 파악할 수 있다.

남강 중하류의 활주사면에 넓게 형성된 범람원에 위치한 유적에서는

유적 원경
View of the Pyeonggeo-dong Site

자연제방, 배후저지, 사주(沙州) 등 범람원 지형의 특징이 잘 나타난다. 약 15,000평에 걸쳐서 청동기시대 취락관련유구 278기, 매장유구 16기 및 삼국시대 취락관련유구 235기와 함께 청동기시대에서 조선시대에 이르는 밭 20여 개 층이 확인되었다.

청동기시대의 취락관련유구는 자연제방 정상부와 북사면에 매장유구와 조합을 이루며 4개의 군으로 나누어 배치되어 있다. 집자리의 평면형태는 말각방형과 원형이며, 크기는 한 변 길이(직경) 6~7m 또는 4m 전후의 것이 대다수이다. 출토유물은 발형토기, 옹형토기 등의 무문토기와 반달돌칼, 돌끌, 돌낫, 돌화살촉 등의 석기류가 있다.

매장유구는 총 16기로 점열상(點列狀)으로 배치되어 있는데, 상석이 있는 지석묘 1기를 제외한 11기가 구지표상에 장방형과 타원형의 묘역(墓域)시설을 갖고 있다. 매장주체부(埋葬主體部) 형태는 목관(木棺), 석관(石棺)과 함께 목관을 안치한 판석조 석곽 등이 있는데 부장유물로 돌화살촉, 굽은옥 등이 발견된다. 이들 매장유구 조사를 통해 주목되는 것은 당시의 장례 제사[墓祭]를 복원할 수 있는 단서로서 매장주체부 주변, 묘광 상부 그리고 묘역 주변에서 최소 3회에 걸쳐 이루어진 제사의 흔적이 확

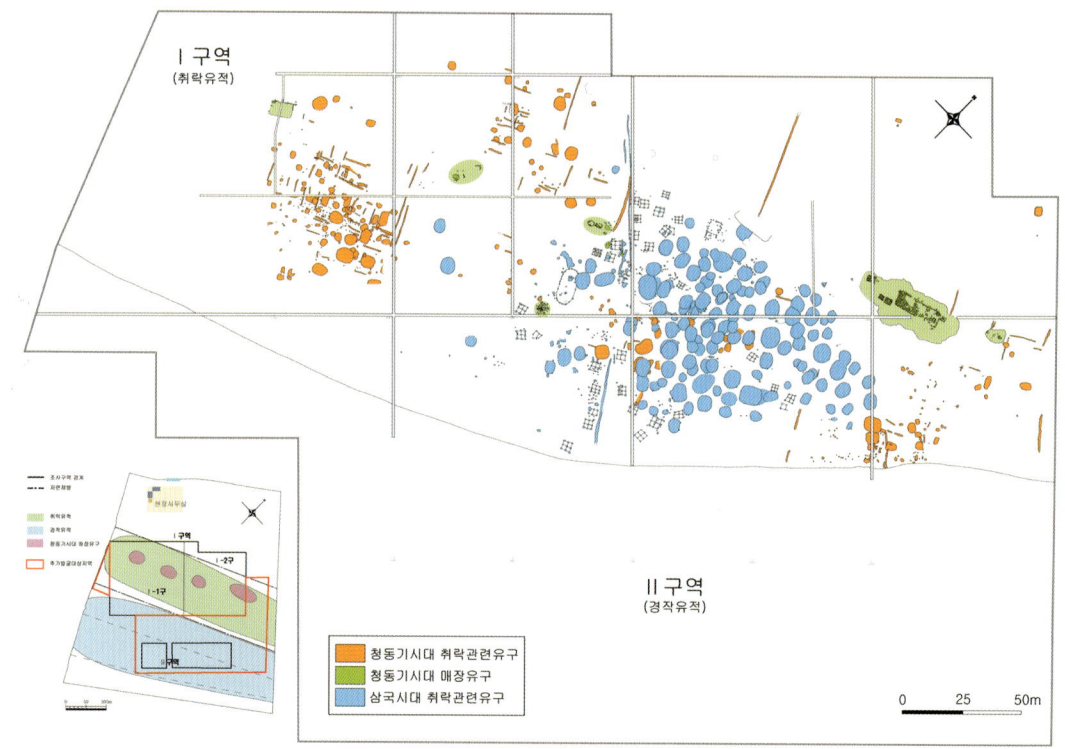

유구배치도 Plan of the Pyeonggeo-dong Site

인된 점이다. 이들 유구는 구연부가 외반하는 송국리식 토기 등의 기형상 특징과 삼각형돌칼, 일단경식(一段莖式) 돌화살촉 등으로 미루어 보아 청동기시대 중기에 해당하는 것으로 추정된다.

삼국시대 취락관련 유구는 수혈식과 지상식 건물지, 수혈과 대상유구 등이 있다. 자연제방 정상부에 수혈건물지가 밀집 분포하며, 그 서쪽 끝에 창고로 추정되는 지상식 건물지, 그리고 취락의 남쪽에는 대규모 밭 경작지가 위치하고 있다.

삼국시대 쪽구들 노출상태
Hypocaust (The Three Kingdom Period)

삼국시대 주거지 부뚜막 내부 토기 노출상태
Cooking Fireplace

17호 삼국시대 주거지 Dwelling No.17 (The Three Kingdom Period)

삼국시대 수혈건물지는 평면형태가 타원형으로 그 내부에서는 벽보강토, 주혈, 구들시설, 출입시설, 저장혈 등이 양호하게 확인되었다. 특히 구들의 경우 부뚜막의 위치와 고래의 방향 그리고 배연부에 대응한 출입시설의 위치 등에 일정한 정형성을 보여준다. 또한 내부시설과 유물 출토상황 등을 통해 공간 활용 방식도 쉽게 유추할 수 있다.

삼국시대 지상식(地上式) 건물지는 총 41기로 방형, 장방형, 타원형 등의 평면형태를 갖추고 있는데, 그 일부는 대형 수혈건물지 주변에 분포하고 있다. 타원형 지상식 건물지 1기는 길이 15.2m, 너비 7m로 마을 공동시설로 추정되고, 그 밖에 상당수는 경작유구를 고려할 때 고상창고로 추정된다.

삼국시대 수혈건물지에서 출토되는 토기의 기종조합은 고배, 단경호, 평저파수부옹, 장동옹, 동이, 시루, 대호 등이며, 기형상 특징으로 보아 3세기 후반에서 4세기에 해당하는 것으로 추정된다.

경작유구는 신석기시대 후기~삼국시대까지의 자연제방 남쪽 침식면에서부터 측방퇴적으로 확장된 범람원 전체에 분포하고 있다. 밭 경작층은 청동기시대로부터 근현대에 이르기까지 지속적으로 확인된다.

(집필 : 김기민 · 공봉석 · 김진철, 감수 : 이청규)

삼국시대 주거지 출토 토기 Potteries

조사범위

유적전경 View of the Gal-dong Site

5호 토광묘 Pit Burial No.5

리를 두고 조성되었다. 무덤의 규모는 길이 200~300cm, 깊이 30~100cm 정도이며 장방형 또는 타원형의 묘광(墓 壙)을 판 후, 진흙으로 벽면을 보강하고 내부에 목관을 사용해 시신(屍身)을 안치하여 축조한 것으로 파악되었다. 9호와 14호의 바닥면에서 노출된 목관의 흔적을 통해 그 크기와 폭, 두께, 결구방법 등을 판단할 수 있다.

꺼묻거리로는 토기와 청동기, 철기, 옥 등이 있다. 토기는 조합식우각형파수가 부착된 흑도장경호(6호)와 원형점토대토기(10호), 홍도(11호) 등이 있다. 청동기로는 거울[鏡]과 검(劍), 투겁창[矛], 도끼[斧], 새기개[放文具] 등이 출토되었다. 이 중 청동거울은 5호와 7호 무덤에서 출토되었는데, 각각 지름 14.6cm, 9.2cm의 세문경이다. 7호무덤 출토품은 꼭지[紐]가 3개가 달린 형식으로 크기나 문양구성에 있어서 일본 와가야마 유적(日本 福岡縣 小郡市 若山遺蹟) 출토품과 유사하다. 또한 청동투겁창은 자루를 끼우는

12호 토광묘 Pit Burial No.12

측면에 둥근고리[環耳]가 달린 것으로 대구 팔
달동유적 출토품과 비교될 수 있다. 세형동검
(14호 토광묘 출토)은 목관의 측면에 비스듬히
세워진 채 출토되었으며 2003년도 출토된 거
푸집에 새겨진 세형동검과 크기와 형태에 있어
서 매우 흡사하여 주목된다.

갈동유적의 무덤군은 기원전 2세기 전후하여
조영된 것으로 이 시기 호남지역의 청동기부장
묘로서 대표적인 전주 여의동, 장수 남양리, 함
평 초포리, 화순 대곡리·백암리유적 등의 무덤과 달리 돌채움이 없는
토광목관묘로서 통나무관이 사용되고, 군집(群集)을 이루며 조성되었다
는 점에서 주목된다.

(집필 : 박수현, 감수 : 이청규)

Gal-dong, Wanju

At the site of Gal-dong, Wanju, a total of 17 pit burials had been
identified, including 13 graves the were uncovered in the survey of 2007.
Rectangular and oval shaped pit burials installed wooden coffin in the burial
chamber. The dimension of graves ranged 200- 300 cm in length and 30
- 100 cm in depth. Various types of burial accessories including bronze
implements comprising mirrors, daggers, spearheads and axes, potteries,
iron implements and jades were interred in pit burials. Among them, two
bronze mirrors were identified in Tomb nos. 5 and 7, the former was 14.6
cm in diameter and the latter was 9.2 cm in diameter. Size, type and
geometric pattern of the bronze mirror uncovered in Tomb no. 5, which
attached three handles, is similar with a bronze mirror excavated at the
Wagayama site, Japan. The date of this site is estimated to be 2nd BC. The
burial structure and distributional pattern of this site is distinct from other
the Iron Age pit burial sites of the Honam Province as the log coffin
installed in the burial chamber without boulder fillings, and burials are not
isolated.

10호 토광묘 출토 원형점토대토기
Rim Pottery from Pit Burial No.10

6호 토광묘 출토 철부
Iron Axe from Pit Burial No.6

11호 토광묘 출토 홍도
Red Burnished Pottery from
Pit Burial No.11

14호 토광묘 출토 세형동검
Korean-type Bronze
Dagger from Pit Burial
No.14

8호 토광묘 출토 동모
Bronze Spearhead from
Pit Burial No.8

6호 토광묘 출토
조합식우각형파수부호
Jar with Horn-shaped
Handles from Pit Burial No.6

경기북부지역에서 조사된 원삼국시대 대단위 마을유적

Janghyeon-ri, Namyangju

중앙문화재연구원

이 유적은 한강의 지류인 왕숙천의 상류지역에 해당되며, 천변을 따라 형성된 충적대지상에 위치하고 있다. 이 유적에서는 청동기시대 주거지 12동, 수혈유구 3기 등 15기의 유구가 확인되었으며, 원삼국시대 주거지 85동, 수혈유구(竪穴遺構) 55기, 구상유구(溝狀遺構) 15기 등 155기의 유구가 확인되었다.

청동기시대 주거지들은 왕숙천의 흐름을 따라 나란하게 배치되었으며, 평면 장방형의 주거지는 단벽 쪽의 1/3 가량을 점토로 다짐하여 생활면으로 이용하였다. 주거지 내부에서는 구멍무늬토기[孔列土器] 등의 토기류와 돌도끼, 반달돌칼, 돌화살촉 등이 출토되었다.

유적 원경
View of the Janghyeon-ri Site

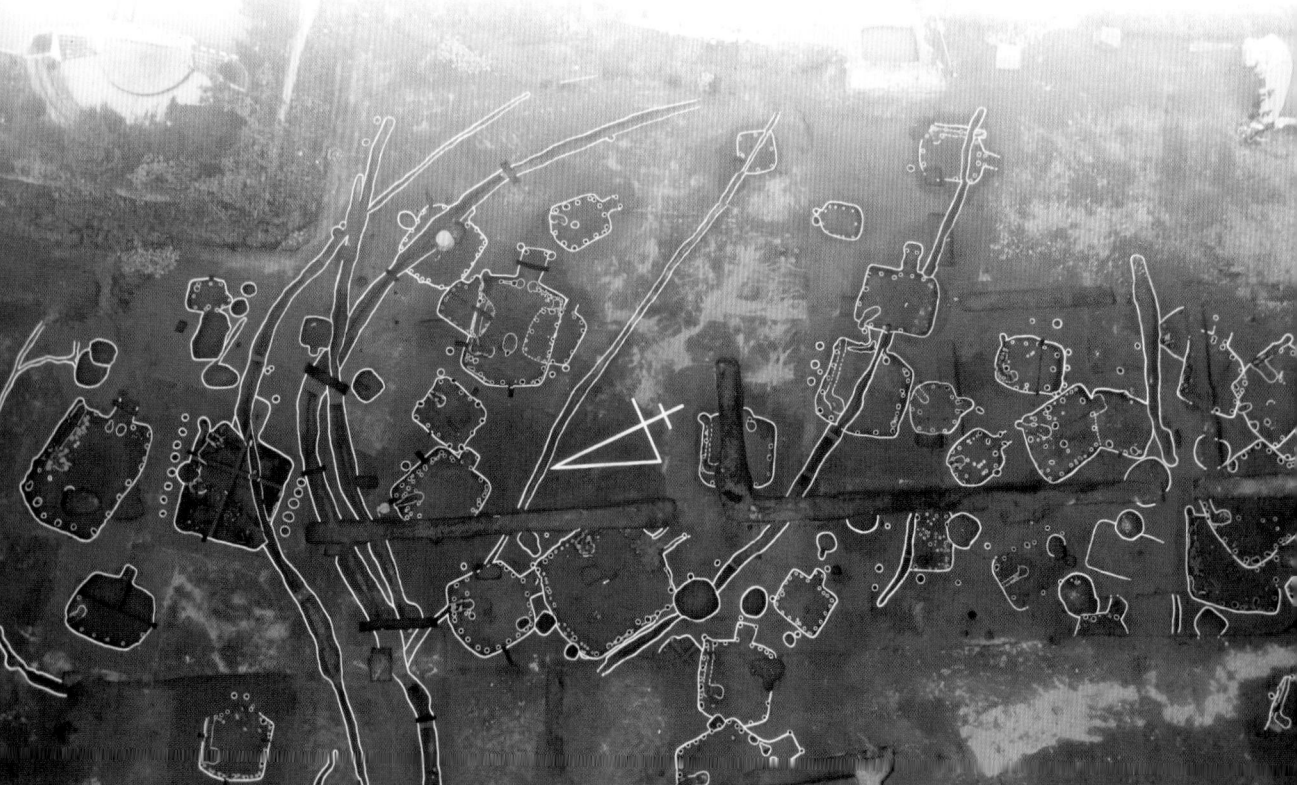

원삼국시대 주거지 전경
View of the Proto–three Kingdom
Period Dwellings

　원삼국시대 주거지는 단벽쪽에 돌출된 출입구시설을 갖춘 철(凸)자형 주거지가 대부분이다. 주거지 내부에서 난방과 취사를 목적으로 한 구들시설과 화덕[爐址]이 확인되었는데, 구들시설은 벽체를 따라 시설되거나 내부에서 벽체로 이어지고 있으며, 화덕은 구들시설과 인접하고 있다. 주거지 내부 벽면을 따라 기둥자리[柱孔]와 벽구시설(壁溝施設)이 확인되는데, 벽구시설은 주거지 벽체를 세우기 위한 구조로 판단된다. 또 벽체구조(壁體構造) 및 상부구조(上部構造)를 추정할 수 있는 재료들이 목탄으로 잔존하고 있어 구조 복원에 중요한 자료가 되고 있다.

　출토유물은 중도식무문토기를 비롯하여 타날문토기와 뚜껑 등의 토기류가 주류를 이루고 있다. 일부 주거지에 철기가 집중되며, 토제내범(土製內范)과 슬래그(slag)편이 확인되기도 하였다. 구들시설 주변에서는 높이 50cm 이상의 저장용기가 확인되기도 하며, 저장용기 내부에서 탄화된 곡물이 출토되기도 하였다. 또 주거지 내의 벽을 따라 직경 25cm 내외의 구멍을 파고, 내부에 높이 30cm 내외의 토기가 매납된 상태로 출토되기도 하였다. 내부에서는 곡물이 확인되지는 않지만 씨앗 등을 보관하기 위한 용도로 추정할 수 있다.

원삼국시대 주거지 구들시설 Heating System

원삼국시대 주거지 구들시설과 그 주변 Heating System

원삼국시대 주거지 구들시설 배연부 Heating System

원삼국시대 주거지 노지 Hearth

원삼국시대 주거지 벽체 Wall

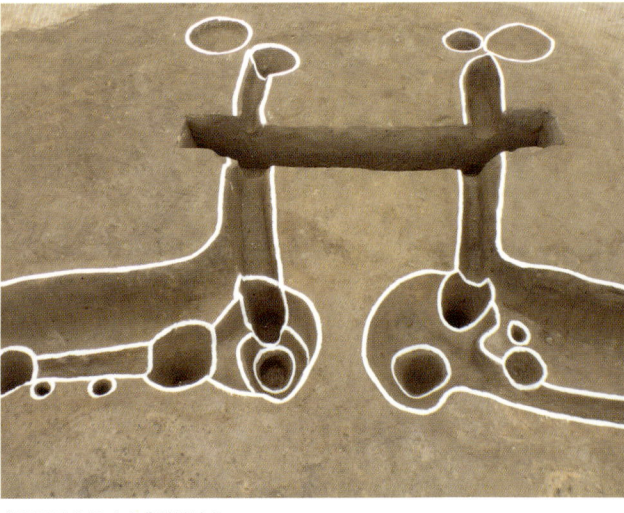

원삼국시대 주거지 출입시설 Entrance

이 유적을 통해 경기북부지역에 살았던 사람들의 다양한 생활모습과 그들의 문화상을 유추할 수 있다. 특히, 한강의 지류를 따라 원삼국시대 대단위 마을유적이 조사되고 있는데, 이는 풍납동유적의 입지에서 확인되듯이 한강을 통한 교통의 요지임이 반영된 결과로 파악된다.

(집필 : 홍지윤, 감수 : 최성락)

Janghyeon-ri, Namyangju

   The Janghyeon-ri site, Namyangju, is located in the alluvial plain of the upper valley of the Stream Wangsuk. A total of 15 dwellings dated to the Bronze Age and 155 proto-Three Kingdom Period features was identified. Rectangular-shaped Bronze Age settlements yielded a variety of artefact including bowls with perforated rim, red burnished potteries, stone axes, stone semi-lunar reaping knives and stone arrowheads. 凸-shaped dwellings estimated to proto-Three Kingdom Period installs a hearth and hypocaust and yields the Jungdo type plain earthenwares, padding potteries and iron implements.

토기류 Potteries

탐라시대 전기 제주도의
취락 양상을 보여주는 유적

Hagui-1ri, Jeju

호남문화재연구원

이 유적은 택지개발이 이루어짐에 따라 발굴조사되었다. 유적에서는 탐라시대 초창기에서 전기에 이르는 수혈주거지 30동, 원형건물지 14동, 지상건물지 38동, 저수시설 2기, 집수정을 포함한 수혈 105기, 구 30기, 적석소토유구 1기, 옹관묘 1기, 토광묘 3기 등 모두 224기의 유구가 조사되었다.

유구분포도
View of the Hagui 1-ri site

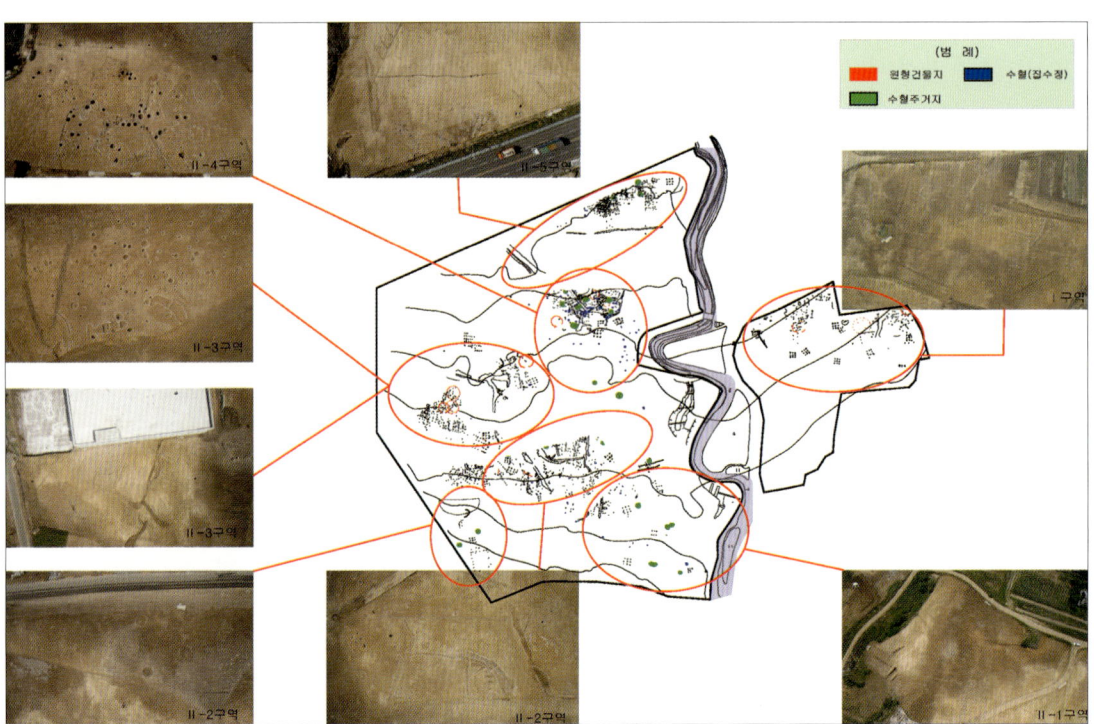

수혈주거지는 2~3동이 군집을 이루며, 주거지간 간격은 20~30m 내외로 등간격을 유지하고 있다. 대부분 바닥 중앙에 타원형 구덩이를 설치한 송국리형 주거지로 중심 주공의 축은 등고선과 나란하다. 규모는 9~13㎡의 중형급이 절반가량을 차지하며, 나머지는 대형과 소형급이다.

원형건물지는 구(溝)를 굴착한 것과 주공열(柱孔列)로만 구성된 것으로 구분된다. 이러한 평면원형의 건물지는 삼양동과 외도동 등지에서도 확인된 바 있다. 그리고 내부직경이 4.5~13m로 다양하나 대부분 대형인 점을 감안하면 일반적인 주거용도가 아닌 다른 목적의 시설물일 가능성이 있다. 지상건물지는 2×2칸의 구조로 한 변이 4m 내외로 정형화되었다. 주거지의 주변에서 대부분 확인되어 주거지의 부속공간일 가능성이 있다.

저수시설과 집수정으로 판단되는 수혈 내부에서는 완형 개체의 토기와 석기 등이 출토되는 것으로 보아 폐기 후 제의행위가 있었던 것으로

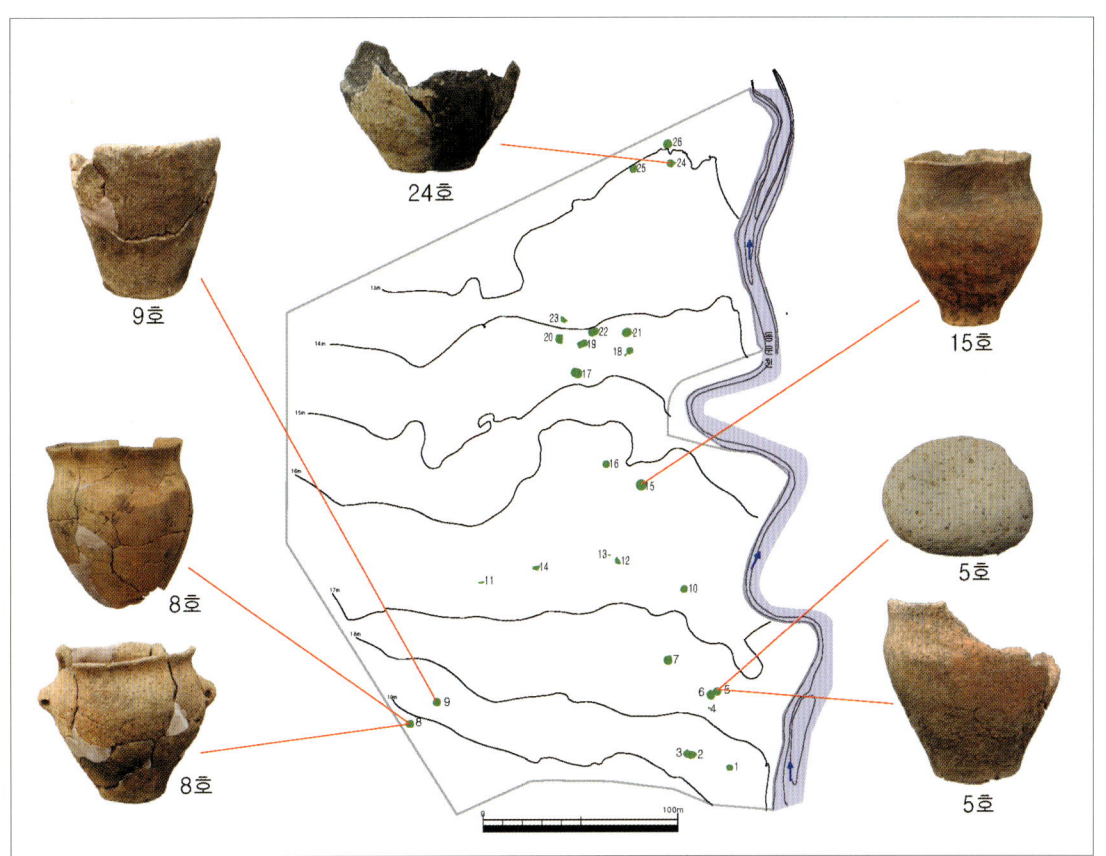

주거지 분포도 및 출토유물 Plan of Dwellings and Unearthed Artefacts

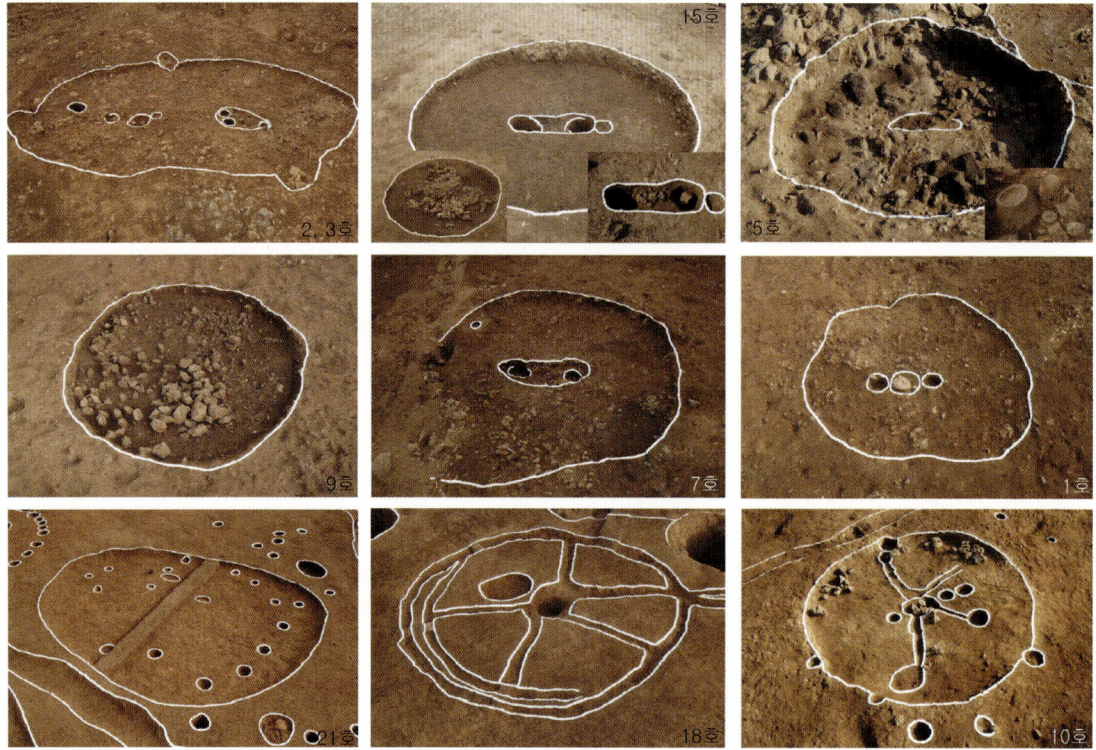

주거지 조사상태 Dwellings

판단된다. 또 적석소토유구(赤色燒土遺構)가 암반이 노두(露頭)된 지점을 중심으로 할석층과 소토띠 형태로 확인되었다. 소토띠의 한쪽에서는 탄화된 동물뼈가 확인되며, 유병식의 석검도 1점 출토되었다. 이 유구는 조사지역에서 가장 높은 곳에 위치하고 있어 역시 제의행위가 이루어졌던 장소일 것이다.

출토유물은 적갈색경질토기가 대부분을 차지하며, 석착이나 석부, 갈돌과 갈판, 홈돌, 공이돌 등 단순한 조합양상을 보인다.

이상과 같이 이 유적에서는 수혈주거지, 지상건물지, 원형건물지를 비롯하여 생활용수 공급원으로서 집수정, 저수시설 등 탐라시대 초창기에서 전기에 이르는 취락구조의 일면을 엿볼 수 있는 유구가 다양하게 확인되었다. 특히 육지부와는 다른 지형에서 생활용수를 공급하는 일면을 보여주는 자료를 제공하여 의의가 크다.

(집필 : 이영덕, 감수 : 최성락)

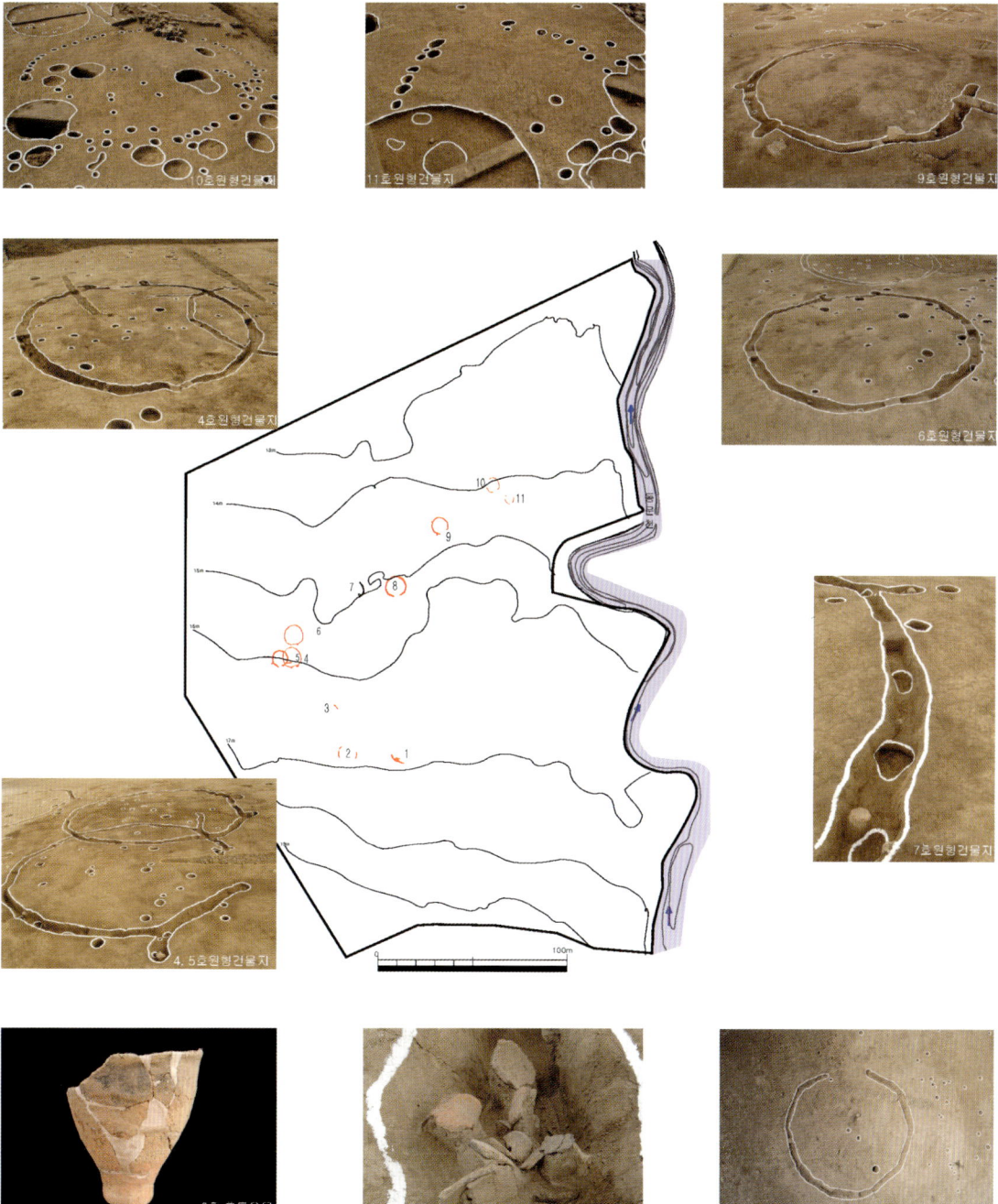

원형건물지 조사상태 및 출토유물 Round-shaped Dwelling and itsuneaarthed Artefacts

집수정 조사상태 Water Catchment Structure

Hagui-1ri, Jeju

The Hagui-1ri site, Jeju, was commenced due to the preparing hovsing area. Pit dwellings, ground dwellings, which associated with pit dwellings, and water catchment structures were identified at this site. In addition, the round-shaped extensive-scale building structures are not assumed to be the resident facilities, because the diameter of each building is not uniformed, and the dimension of them is too extensive. Moreover, various features prosenring the evidence of ritual ceremony were unearthed. In this context, this site offers significant resources, such as the settlement structure and the peculiarwater supply system of Jeju Island dated to the early Thamra Period.

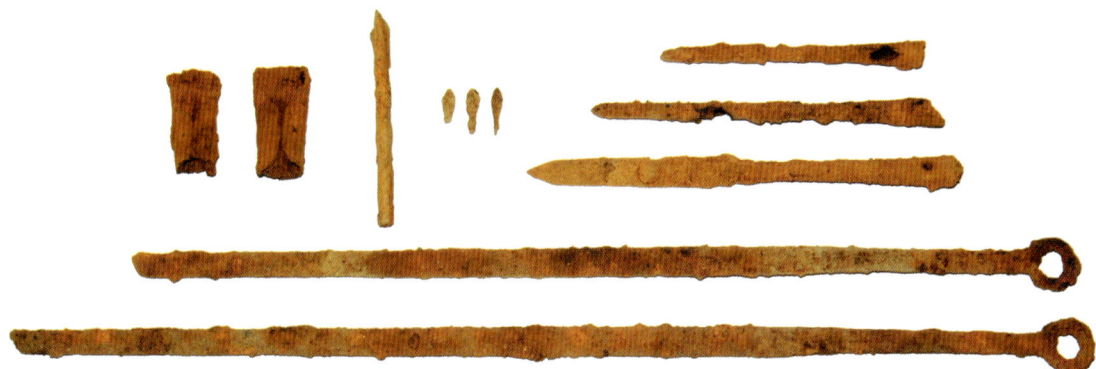

토광묘 출토 철기류 Iron Implements from Pit Burials

토광묘 출토 방추차 및 구슬류 Beads and Spindle Whorls from Pit Burials

토광묘 출토 토기류 Potteries from Pit Burials

정상부 평탄면에서 1기가 확인되었
다. 평면형태는 장방형이며, 장축방
향은 등고선과 평행하다. 묘실의 축
조상태는 북벽 및 동벽만이 일부 잔
존되어 있으며, 40~80cm 정도의
장방형 할석을 가로쌓기하였다. 내부
에서는 관정(棺釘)과 꺾쇠만이 출토
되었다.

토광묘 출토 원통형토기
Cylindrical Vessels from
Pit Burial

이 유적에서는 청동기시대의 주거
지와 원삼국시대 및 백제시대 분묘유
구가 확인되었다. 이 중 원삼국시대
의 분묘인 주구토광묘와 토광묘가 중심을 이루고 있다. 이는 아산지역
마한문화(馬韓文化)를 이해하는데 있어 매우 중요한 자료이다. 또한 백
제시대 석곽분을 통해 백제가 마한지역을 문화적인 측면에서 영역화하
는 과정을 살필 수 있을 것이다.

(집필 : 이상엽, 감수 : 최성락)

The Bakjimure site, Myeongam-ri, Asan

Three sectors were investigated at the Bakjimure site, Asan City, South
Chungcheong province. Amongst various archaeological features dated from
the Bronze Age to Chosun dynasty, pit burials and pit burials with ditch
enclosure estimated to the Proto-Three Kingdom Period are most significant.
Assemblage of artefacts of these Proto-Three Kingdom burials are composed
of potteries including pole-shaped potteries and fowl shaped potteries, iron
implements consisting of swords with ring pommel, spearheads, arrowheads,
knives, sickles, axes, chisels and horse equipments and bronze comprising
horse-shaped buckles and bells. Both burial structures and unearthed
artefacts are most significant material to investigate the Mahan Culture of
the Asan area.

임당유적과 연결되는 대규모 분묘유적

Shindae-ri, Gyeongsan

영남문화재연구원

이 유적은 금호강에 합류하는 남천과 오목천의 상류인 관란천에 의하여 형성된 남천분지의 중앙부에 위치하며 대규모 분묘군인 임당유적과 인접하고 있다. 이 유적에서는 원삼국시대 분묘 160기를 비롯하여 통일신라시대 석실묘(石室墓)와 석곽묘(石槨墓), 고려시대 이후 토광묘(土壙墓) 등 총 604기의 유구가 확인되었다.

원삼국시대 분묘로는 목관묘 114기, 옹관묘 46기 등 총 160기가 확인

유적 원경
View of the Sindae-ri Site

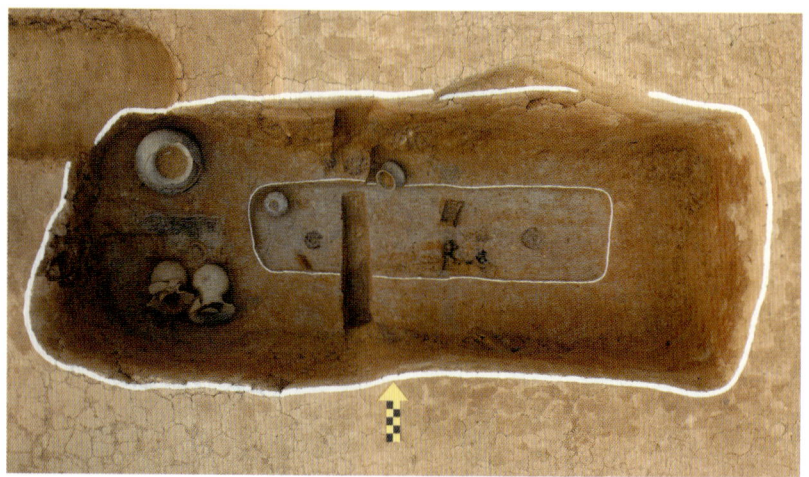

1호 목관묘 Wooden Coffin Tomb No.1

1호 목관묘 세부 Detail of Wooden Coffin Tomb No.1

1호 목관묘 호형대구 노출모습
Bronze Tiger-shaped Buckle from Wooden Coffin Tomb No.1

되었다. 목관묘의 장축방향은 51호만이 남–북 방향이고 나머지 모두 동–서 방향이다. 유구의 축조는 묘광을 파고 묘광바닥에 목관을 안치한 다음, 목관과 묘광사이의 빈 공간에는 묘광 굴착시 나온 흙으로 충전하고 봉토를 조성하였으며, 일부는 묘광 상면에 목개를 얹고 봉토를 조성한 것도 확인된다. 목관의 형태는 판재식과 통나무관으로 구별되는데 판재식이 주류를 이룬다.

유물의 부장 위치는 주로 충전토 상면과 목관 내부이다. 즉 토기류는 충전토와 봉토에 부장이 되고 있는데 대형 토기류의 경우 피장자의 발치 쪽에, 소형 토기의 경우 머리 쪽에 부장되는 예가 많이 나타나고 있다. 철기류는 목관의 바닥에서 확인되는 예가 가장 많으며, 충전토 내부와 상면, 봉토 내 등에서도 일부 확인된다. 청동제는 대부분이 목관 내부와 묘광 바닥에 부장되고 있으나, 38호의 경우 유구의 상부인 봉토(封

16호 주거지
Dwelling No.16

16호 주거지 부뚜막 전경
Cooking Fireplace in Dwelling
No.16

口)는 대부분 남동쪽을 향하고 있으며, 주거지 바닥과 출입구는 점토를 깔아 다짐처리하였다. 내부시설로는 화덕시설[爐址], 부뚜막, 구들, 기둥자리[柱穴] 등이 있다. 화덕시설은 부석식노지(敷石式爐址)가 대부분이며, 부뚜막은 평면 사다리꼴(梯形)의 1자형이다. 구들은 외줄고래를 가진 쪽구들로 평면형태는 L자형이다. 기둥자리는 주거지 벽선(壁線)을 따라 정연하게 확인되고 있다.

주거지 주변 구덩이[竪穴]의 평면형태는 원형(圓形) 또는 방형(方形)으로, 일부 구덩이의 경우 내부에서 많은 양의 탄화 곡물과 토기편이 출토되는 것으로 보아, 곡물 저장시설 혹은 폐기장(廢棄場)으로 이용되었을 것으로 판단된다.

출토유물은 경질무문토기(硬質無文土器)가 다수를 차지하며, 타날문

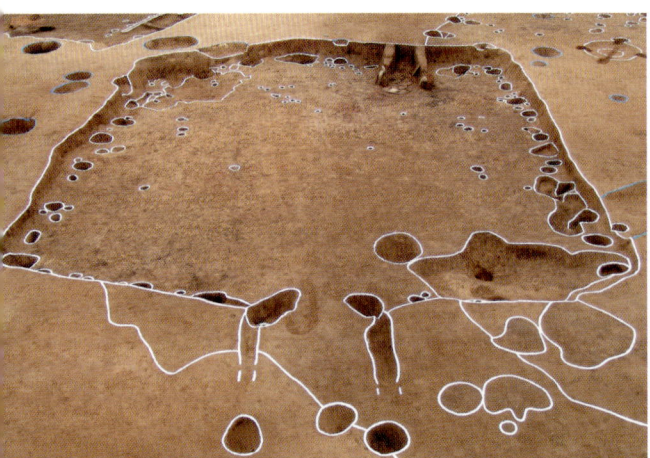

2호 주거지 Dwelling No.2

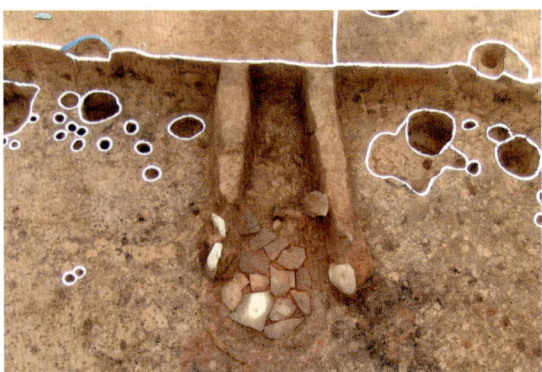

2호 주거지 부뚜막 Cooking Fireplace in Dwelling No.2

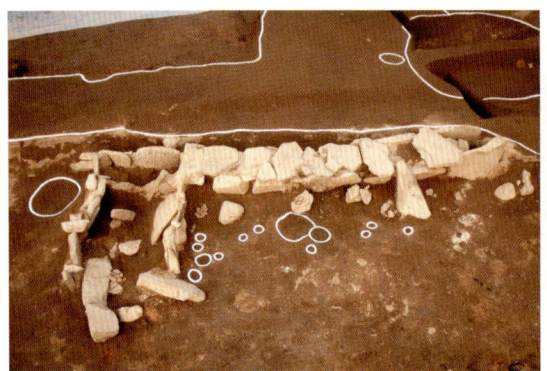

9호 주거지 쪽구들 전경 Hypocaust in Dwelling No.9

9호 주거지 Dwelling No.9

토기(打捺文土器)와 철제낫[鐵鎌], 손칼[鐵刀子] 등의 각종 철기류, 유리 구슬, 탄화 곡물 등이 출토되었다.

이 유적은 원삼국시대 주거 양상을 파악할 수 있을 뿐만 아니라 최근 조사된 가평 대성리유적을 비롯한 주변 유적의 입지와 성격을 비교 검토할 수 있는 중요한 자료가 될 것이다.

(집필 : 박천택, 감수 : 최성락)

 # Hangsa-ri, Gapyeong

The Hangsa-ri site formed on the alluvial plain of the Stream Jojong, a tributary of the River North Han, is an extensive settlement complex

9호 주거지 노지
(1차노지 폐기 후 2차노지 사용)
Hearth in Dwelling No.9

dated to the Proto-Three Kingdom Period. A total of 136 features including 47 dwellings were identified. The Proto-Three Kingdom settlement, which installed hearth, cooking fireplace, hypocaust and pillar holes are installed in the inside of dwelling, is classified into 凸, 呂, hexagon and rectangular-shaped dwellings, and two or three large-scale settlements are clustered. Pit structures associated with dwellings are inferred as the granary or the refuse dump. Most of artefacts are composed of plain hardware (Gyeongjil Mumun pottery), and a few paddling potteries, iron implements, such as sickles and knifes, glass beads and carbonised cereals. This site offers invaluable resources and to investigate the characteristics and locations of the Proto-Three Kingdom settlement site in this area as comparing with various contemporary settlement sites such as the Daeseong-ri site, Gapyeong.

수리부엉이모양토기가 최초로 발굴된 대규모 분묘유적

Address No.575 at Hwangseong-dong, Gyeongju

영남문화재연구원

20호 목곽묘 출토
수리부엉이모양토기
Eagle-owl-shaped Pottery
from Tomb No.20

이 유적은 경주분지의 북서쪽에 위치하며 행정구역상 경주시 황성동 575번지 일원에 해당한다. 유적의 남쪽으로 경주분지를 동서로 가로지르는 북천이 위치한다. 이 유적에서는 청동기시대, 원삼국시대, 삼국시대, 통일신라시대 등 여러 시대에 걸친 다양한 유구가 149기 확인되었다. 특히 원삼국시대 유

20호 목곽묘 Outer Coffin Tomb No.20

대구지역 고대 읍락의 한 부분

Bongmu-dong, Daegu

영남문화재연구원

고대 읍락의 하나가 자리했던 대구 동북부 봉무동 일대에 대규모의 지방산업단지가 조성되면서 발굴조사가 이루어지고 있다. 이곳의 주변에는 이 지역의 삼국시대 지배집단 무덤인 불로동고분군(사적 262호)을 비롯한 단산동고분군·봉무동고분군 등의 대규모 고분군이 분포한다. 발굴지역은 봉무동고분군과 연결되어 있는데, 여기에서 원삼국시대와 삼국시대의 무덤과 생활유구, 생산유구가 함께 확인되었다.

유적 원경
View of the Bongmu-dong Site

유적에서는 총 97기의 유구가 확인되었다. 무덤으로는 원삼국시대 대형의 독무덤[甕棺墓] 1기를 비롯하여 삼국시대 덧널무덤[木槨墓] 1기, 돌방무덤[石室墓] 26기와 돌덧널무덤[石槨墓] 2기가 조사되었고, 생활유구로는 삼국시대 수혈유구 32기, 고상식건물지 10동, 구상유구 11기, 도로유구와 바퀴흔적이 확인 · 조사되었다. 또한 생산유구로는 목탄요 2기와 소성유구 1기가 조사되었다. 이외 조선시대에 축조된 수혈유구 2기와 구상유구 2기, 도로유구와 바퀴흔적이 함께 조사되었다.

가장 주목되는 것이 원삼국시대의 독무덤이다. 이는 대구의 동북부지역에서 처음 확인되는 원삼국시대 유구이다. 독무덤은 비교적 대형으로 길이 157㎝, 너비 104㎝, 두께 2㎝의 큰항아리를 눕혀서 안치한 단옹식

1호 옹관묘 출토 청동검파부 철검
Iron Dagger with Bronze
Dagger Handle from Jar Coffin
Tomb No.1

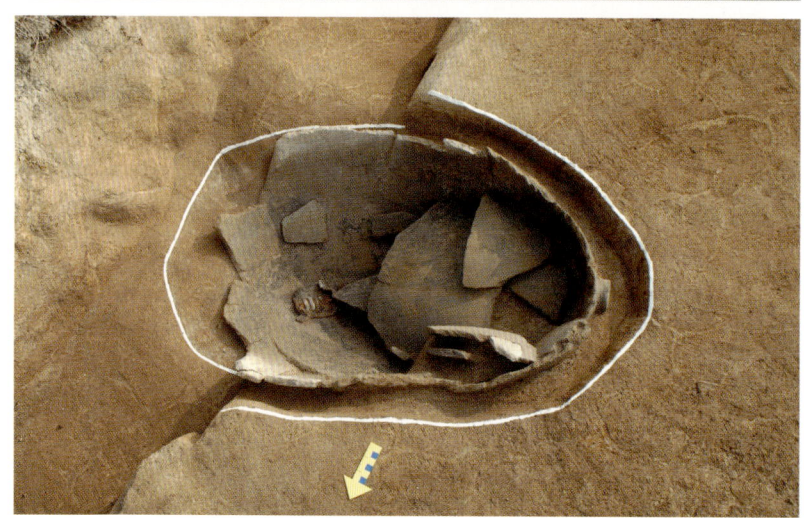

1호 옹관묘
Jar Coffin Tomb No.1

11호 석실분
Stone Chamber Tomb No.11

1호 목곽묘 Outer Coffin Tomb No.1

이다. 항아리는 둥근 저부에 돼지주둥이 모양의 꼭지가 부착된 원삼국시대의 전형적인 것이다. 독무덤의 내부 바닥 중앙에서 청동검파(靑銅劍把)가 부착된 철검(鐵劍)이 출토되어 눈길을 끌었다. 이 검의 검파두식(劍把頭飾)은 안테나식으로 대구 지산동에서 출토된 그것과 아주 유사하다. 목제의 칼집에는 너비 1㎝의 청동제 칼집 부속구가 4개 잔존하며, 등간격으로 칼집을 감싸고 있다. 이 독무덤은 주변 일대의 시굴조사에서 확인된 원삼국시대 원형 주거지와 더불어 비교적 이른 시기에 이곳에 읍락집단으로 부를 수 있는 세력집단이 형성되어 있었음을 알려준다.

가장 많이 조사된 돌방무덤은 편평한 할석을 이용하여 횡장방형의 지상식으로 축조한 것들이다. 우편수식의 연도(羨道)를 가지며, 시상(屍床)의 모습과 유물의 형식에서 여러 차례에 걸쳐 추가장이 이루어진 것을 알 수 있다. 주구(周溝)나 배묘(配墓)가 함께 조성된 유구도 확인되며, 제의 행위를 한 시설도 조사되었다. 이 돌방무덤들은 봉무동고분군이 형성된 능선 사면의 서쪽 끝자락에 조영된 것들로 고분군의 서단을 지적한다. 이것은 더 서쪽의 본유적 중심부에서 생활유적과 생산유구들이 조사되고 있는 상황과 연결시킬 때, 그들의 매장공간이 일정한 영역을 유지하고 조성되었음을 알려주기도 한다. 돌방무덤에서 출토된 유물로는 고배, 개, 대부완, 완, 소호, 병, 부가구연대부장경호, 호 등의 토기류와 도자, 철겸, 유자이기 등의 금속류와 방추차가 있다.

유적의 남서편에는 습지가 형성되어 있는데, 그 주변에서 생활유구인 다수의 수혈유구가 확인되었다. 수혈은 평면이 타원형이나 부정형이고 크기는 직경이 300㎝ 내외이며 깊이가 200~300㎝ 정도로 매우 깊다. 깊은 단면형태나 바닥에서 목재 등이 확인되는 점에서 함정과 같은 시설로 추정되기도 하나 바닥이 깊고 한쪽 부분만 수직으로 판 점 등에서 저장을 위한 시설일 가능성도 있다. 또 같은 시기의 고상식건물지가 군집을 이루며 분포하고 있어 생활영역을 추론할 수 있게 한다. 이외에 유적의 서쪽에서는 삼국시대부터 조선시대까지 계속해서 보수하며 사용한 도로가 확인되어 주목된 바 있다.

유적에서 조사된 다양한 시기에 걸친 여러 종류의 유구는 그 시기와 성격에 따라 일정한 구역을 차지하면서 배치되어 있다. 비록 유적에서 주거지가 확인되지 않았으나 이 일대가 오랜 세월 동안 지속적으로 사용된 고대인의 대규모 생활터전으로 고대 읍락의 한 부분이었음을 알려준다. 앞으로 주변일대에 대한 조사가 더 진행되면 고대 읍락의 생활상 연구에 좋은 자료가 축적될 것으로 기대된다.

(집필 : 박상은, 감수 : 김용성)

목곽묘 출토 토기 Potteries from Outer Coffin Tombs

고구려계 1호 석실분 문비석
Entrance Stone of Goguryo-type
Stone Chamber Tomb No.1

고구려계 1호 석실분 Goguryo-type Stone Chamber Tomb No.1

고구려계 1호 석실분 개석 및 벽석
Cover Stone and Wall Stone of Goguryo-type Stone Chamber
Tomb No.1

고구려계 2호 석실분 개석 및 벽석
Cover Stone and Wall Stone of Goguryo-type Stone Chamber
Tomb No.2

고구려계 2호 석실분 Goguryo-type Stone Chamber Tomb No.2

삼국시대 취락의 공간구성을
잘 보여주는 유적

Cheonggang · Daera-ri, Gijang

경남문화재연구원

부산-울산간 고속도로 건설구간에 해당되어 조사된 유적은 해발 110~140m인 4개의 구릉으로 구성되었는데, 각 구릉을 다른 용도로 사용한 취락이 형성되어 있어 주목된다. 유적은 모두 500m의 공간 내에 3개의 곡부와 4개의 구릉으로 나누어져 있는데, 사방이 트여있는 각 구릉에서는 주변을 넓게 조망할 수 있다. 유적에서는 청동기시대부터 조선시대에 이르기까지의 다양한 유구가 조사되었으나 중심을 이루고 있

4지구 목책 전경
View of Wooden Fence in
District 4

7호 목곽묘
Outer coffin Tomb No.7

유적 원경
View of the Site

는 삼국시대의 유구는 묘역(Ⅰ지구), 생활공간(Ⅱ·Ⅲ지구), 그리고 제
사공간(Ⅳ지구)이 분할되어 분포하는 특징이 있다.

　묘역인 Ⅰ지구에서는 청동기시대 수혈(竪穴) 1기, 삼국시대의 덧널무덤
[木槨墓] 43기, 돌덧널무덤[石槨墓] 2기, 독무덤[甕棺墓] 2기, 수혈유구 11
기 등이 조사되었다. 가장 많은 수가 조사된 덧널무덤은 평면형태가 세장
방형인 것과 장방형인 것이 확인되는데 세장방형이 더 많다. 그리고 덧널
무덤 가운데는 '경주형덧널무덤' 이라 불리는 세장방형의 동혈주부곽식(同
穴主副槨式)과 '김해식덧널무덤' 으로 지칭되는 이혈주부곽식(異穴主副槨
式)이 모두 확인되었다. 덧널무덤에서는 컵형토기, 대부장경호, 광구소호
등의 고식도질토기를 비롯한 많은 유물들이 출토되었는데, 특히 주목되는
것이 7호 덧널무덤의 부곽 남동 모서리에서 출토된 새모양토기이다. 회청
색의 도질토기인 이 토기는 삼족오(三足烏)를 연상시키는 것으로 세 개의
다리를 가졌고 소략화된 머리깃과 꼬리깃을 표현하였고, 전체 높이에 비
해 몸통의 길이가 긴 특징이 있는 것으로 비교적 이른 시기 작품으로 보
인다. 따라서 5세기 이전 상형토기에 대한 새로운 자료를 보탰다는 점에
서 의의가 있으며 당시의 영혼관념에 대해 이해할 수 있게 한다.

　생활공간인 Ⅱ·Ⅲ지구에서는 현재까지 청동기시대 수혈건물지 5동
을 비롯하여 수혈유구 5기, 돌널무덤[石棺墓] 1기, 삼국시대의 수혈건물

1지구 전경 View of District 1

3지구 수혈건물지와 수혈 중복 양상　Pit Dwellings and Pit Structures in District 3

지 80여동, 수혈유구 281기, 구상유구 4기, 굴립주건물지 26동, 저장구덩이 4기 등이 조사되었다. 중심을 이루는 삼국시대의 수혈건물지와 수혈유구가 큰 시기 차이가 없이 거의 같은 시기에 많게는 10여 기 이상이 중복되어 집중 조성된 특징이 있다. 특히 Ⅲ지구의 유구배치는 정상부에 굴립주건물지가 위치하고 그 주변으로 이를 감싸듯이 수혈건물지가 배치되어 있어 정형성을 발견할 수 있다. 구릉 정상부 내 동쪽(길이 20m, 폭 20m)과 동쪽 경사면 하단부(길이 30m, 폭 20m)는 유구가 발견되지 않는 공지가 형성되어 있는데, 이는 생활공간 자체도 계획적인 공간구획이 있었음을 알려준다.

　제사공간인 Ⅳ지구는 유적의 가장 북쪽에 위치한다. 유적이 형성된 구릉은 동에서 서로 뻗어 내린 구릉이 다시 솟아올라 독립구릉의 형태를 띠며 조사구역 각 구릉이 내려다보이고 그 정상부에서는 기장 일대 및 바다를 한눈에 조망할 수 있는 조건을 갖추고 있다. 구릉의 정상부에서 대형의 굴립주건물지를 포함한 제사유구가 발견되었고 이를 둘러싸고 타원형으로 돌아가는 최대 6열의 삼국시대 목책열(木柵列)이 조사되었다. 목책의 규모는 외곽 목책열을 기준으로 장축 70m, 단축 60m 정도이며 기둥구멍은 350여개에 이른다. 이 목책의 출입로는 남사면 중앙과 남동사면으로 열려있어 제사유구로 연결되는 동선을 형성하고 있다. 그러므로 목책은 여타의 공간과 제사유구를 구분 짓기 위한 시설로 볼 수 있다.

　기장 청강·대라리 유적은 삼국시대 기장지역 세력집단의 취락유적으로 그들의 묘역(Ⅰ지구), 생활공간(Ⅱ·Ⅲ지구), 그리고 제사공간(Ⅳ지구)

저수지 전경
View of the Water Storage

성벽 외면 기단보축 단면전경
Foundation Stone of Stone Wall

성벽 외면 Stone Wall

을 이루고 있는데, 상단은 최대 만수기 이외에 아래로 내려가 물을 수급하기 위한 계단시설의 역할을 하였던 것으로 추정된다. 내부에서는 바닥에 '사벌(沙伐)'이라는 명문이 새겨진 청동용기가 출토되었다. 이것은 당시 상주를 포함한 문경까지의 지명이 '사벌(沙伐)'이었음을 보여주는 증거 자료이다

이번에 발굴된 지하식 목재 시설물은 우리나라 초기 목조 건축술을 살필 수 있는 중요 학술자료라 할 수 있다. 또한 석축으로 조성된 저수시설, 우물 유구 등과 함께 산성을 방어하는 농성전에서 가장 필요한 수원

배모양 목기

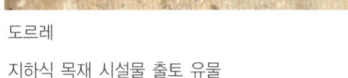

도르레

A자형 목기

구유형 목기

지하식 목재 시설물 출토 유물
Artefact from Underground Water Storage

지하식 목재 시설물 출토 토기
Pottery from Underground
Water Storage

과 관련된 중요 유구가 여러 시기에 걸쳐 이곳에 밀집되어 분포하고 있음을 알 수 있게 한다. 이번 발굴로 신라가 한강유역으로 진출하기에 앞서 문경지방에 고모산성을 축성하여 교두보로써 북진의 전초기지로 사용하였음을 확인하게 되었다.

(집필 : 백영종, 감수 : 김용성)

The Gomo Mountain Fortress, Mungyeong

The Gomo Mountain Fortress is situated on the Mt. Gomo (231 metres high above the sea level), Mungyeong. This area has been one of the most important transport route between the Nakdong River basin and the Han River basin where the Sobaek Mountains demarcates two areas. Thus this site was an point of strategic importance where controlled Gyerip-ryeong (the Gyerip mountain pass) and Jo-ryeong

북포 유적 도로유구 단면
Sectional Diagram of
Road Structure of the Bukpo Site

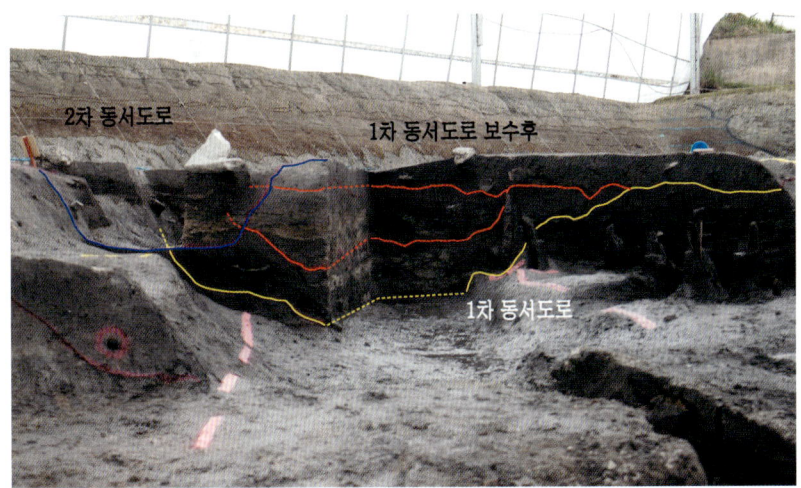

The Hyeonnaedeul and Bukpo Site, Ssangbuk-ri, Buyeo

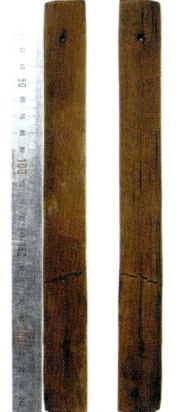

현내들 유적 출토 목간
Wooden Tablets from the
Hyeonnaedeul Site

At the Hyeonnaedeul and Bukpo site, placed on the lowland of the Na Fortress that is now used to paddy fields, remains of the Baekje town planning containing load structures and building structures were identified. Archaeological results of this site, therefore, illustrate more clearly to the possibility that Sabi, the capital of Baekje Kingdom was planned by the adjustment of partition of district. This site offers researchers to reconstruct the water transport system that linked with the North Gate of Buso Mountain Fortress. In addition, wooden tablets unearthed in the district 4 at the Hyeonnaedeul site provide important historic materials with historians to complement the sparse historic records of Baekje.

현내들 유적 출토 목기
Wooden Artefacts from the
Hyeonnaedeul Site

문헌 속 백제 왕흥사의 실체가 드러나다

The Wangheung Temple, Buyeo

국립부여문화재연구소

왕흥사는 수많은 백제의 사찰 가운데 그 이름과 함께 창건 시기, 왕의 행향(行香) 사실 등 관련 문헌기록이 남아 있는 극소수의 예로서 일찍부터 주목되었다. 1934년 부여 규암면 신리에서 '왕흥(王興)'명 기와가 알려져 왕흥사의 실재 가능성과 더불어 그 위치를 추정할 수 있었다. 이 사찰의 중요성을 인식한 국립문화재연구소가 2000년부터 본격적인 발굴조사에 착수한 이후 백제시대의 사찰터가 남아 있음을 확인함에 따라 2001년 사적 제427호로 지정 관리되고 있으며, 2007년까지 모두 8차

유적 전경
View of the Whangheung
Temple Site

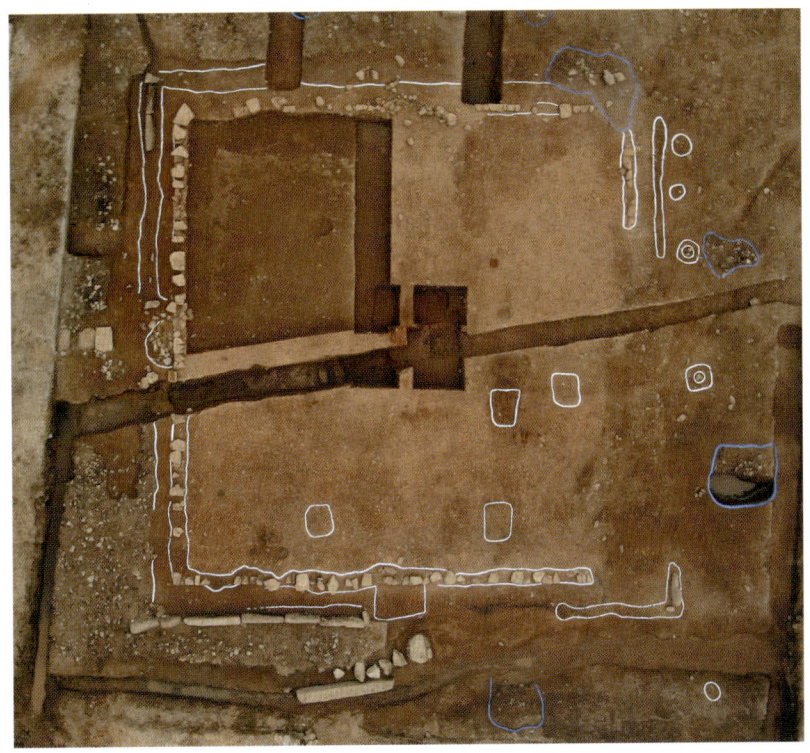

목탑지 전경 View of the Wooden Stupa

심초석 안치를 위한 굴광선
Remain of Foundation Stone

사리공 개봉 후 사리기 노출장면
Inscription of Buddha's Bone Facility

례의 발굴조사가 진행되고 있다. 백제시대 사찰과 관련된 것으로는 목탑지·회랑지·축대·진입로 등이 확인되었는데, 그 가운데 목탑지(14×14m)에서 확인된 심초석 및 사리장치는 그 시기가 확실한 백제시대의 것으로는 최초일 뿐 아니라 한국의 삼국시대를 통 털어서도 처음이어서 그 역사적 중요성이 매우 높다.

사리장치는 목탑 심초석(100×110×45㎝)의 남쪽 가장자리 부근에 마련한 장방형의 사리공(16×12×16㎝) 속에 안치되어 있었는데, 명문을 새긴 청동제 외합(外盒) 속에 은제 외호(外壺)를 넣고 그 속에 다시 금제 병(甁)을 넣은 방식으로 되어 있으나 사리는 확인되지 않아 처음부터 없었던 것으로 보인다. 사리공을 덮은 우진각 지붕 모양의 석제 뚜껑에는 진사(辰砂 HgS)로 그린 동심원문, 연화문, 당초문계 문양 등이 남아 있다. 한 행이 5자씩으로 구성된 모두 6행 29자의 명문은 '정유년(577년) 2월 15일 백제 창왕이 죽은 왕자를 위해 절(또는 목탑)을 세우고 본래 사리 두 매를 묻었을 때 신의 조화로 셋이 되었다(丁酉年二月 / 十五日百濟 / 王昌爲亡王 / 子立刹本舍 / 利二枚葬時 / 神化爲三).'는 내용으로 풀이된다. 이를 통해 왕흥사의 창건연대가 『삼국사기(三國史記)』의 법왕(法王) 2년(서력 600)보다 이른 위덕왕(威德王) 24년(서력 577)이었음이 새롭게 드러났으며, 『일본서기(日本書紀)』에 기록된 597년 일본에 파견한 아좌태자(阿佐太子) 이외에 먼저 죽은 왕자가 있었던 것도 알게 되었다.

사리공 주변에는 무려 만 여점 이상의 금은 세공 장신구, 옥·운모·수정·유리·탄목(炭木) 등 다양한 재질의 장신구, 북제(北齊)의 상평오수전(常平五銖錢) 등 공헌품이 함께 묻혀 있어 백제 공예기술의 높은 수

사리기
Buddha's Bone Facility

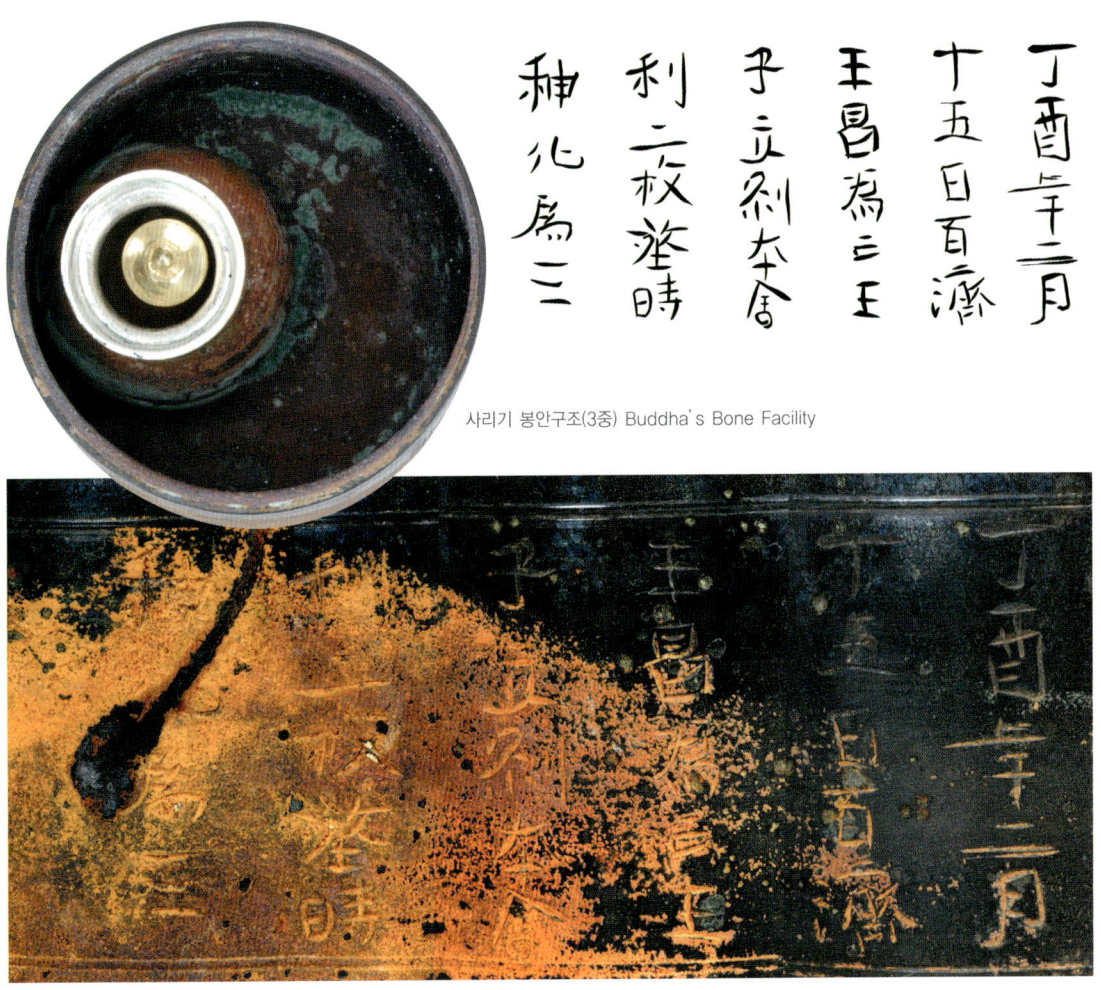

丁酉年二月
十五日百濟
王昌爲亡
王子立刹本舍
利二枚葬時
神化爲三

사리기 봉안구조(3중) Buddha's Bone Facility

사리합 명문 Inscription of Buddha's Bone Facility

준과 더불어 당시의 장제, 국제 관계 등을 짐작할 수 있다.

경내로 진입하기 위한 너비 13m의 참배로가 확인되었는데 이것이 왕이 배를 타고 백마강을 건너가 향을 올렸다는 문헌기록과 부합되는 접안시설로 이어질지는 향후 조사를 통해 선보가 밝혀질 것으로 기대된다. 왕흥사 조사를 통해 지금까지 드러난 새로운 사실 그 자체도 대단한 것이지만 향후 목탑의 건립과 관련된 심초석의 조영 공정의 변화, 사리장치와 심초석의 일체화 과정의 문제, 심초석의 지상화 과정 등 동아시아 고대 목탑 조영 변천사에 대한 체계적 연구의 실마리를 제공할 것으로 기대된다.

(집필 : 민경선, 감수 : 박순발 · 김낙중)

The Wangheung Temple, Buyeo

According to Samguksagi (the Annals of Three Kingdom) and Samgukyusa (the Chronicles of Three Kingdom), the Wangheung temple, Buyeo, one of the important temples of Baekje kingdom, began to construct in the fifth year of King Bup's reign (600 AD) and inaugurated in the 35th year of King Mu's reign (634 AD). In a total of eight times excavations having been carried out by Buyeo National Research Institute of Cultural Heritage since 2000, remains of Baekje's temple structures containing wooden stupa, corridors, entrances and embankments have been identified. In the survey of 2007, accompanying with investigation to the plan and structure of wooden stupa, worship routes and embankments for coming alongside the riverside that correspond with the historic materials for king's piloting ship and burning incense. In particular, the threefold Buddha's bone facility constituting bronze bowl, silver jar and gold bottle, which inscribed the foundation date of the Wangheung Temple, indicate the year of the foundation of this temple was in the 24th year of King Wideok's reign (577 AD) that was 23 years earlier than the records of Samguksagi and Samgukyusa. Chinese writing engraved in bronze bowl is as follow:

"On 15 February577, Baekje King Chang build temple or wooden stupa for reposing of soul of his dead prince. When two bones of Buddha interred, it increased three by the God's will".

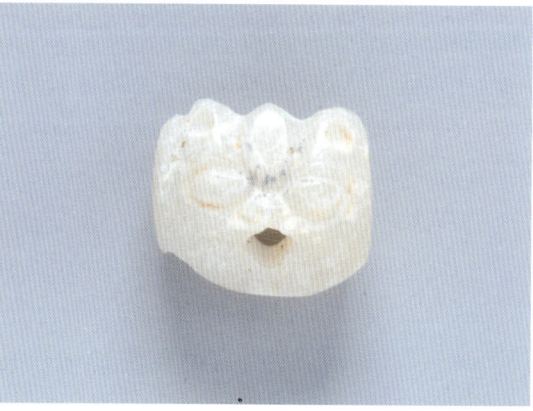

사리공양구 일괄 Buddha's Bone Facilities

최초로 드러난 백제 궁원(宮苑) 조경(造景) 시설

Wanggung-ri, Iksan

국립부여문화재연구소

왕궁리(王宮里) 유적은 백제 사비시기(538~660년) 궁성(宮城)으로 석축 성벽으로 둘러진 정남북 방향 약 490m(동벽 492.8m, 서벽 490.3m), 정동서 방향 약 240m(남벽 234.06m, 북벽 241.39m) 되는 장방형 평면으로 되어 있다. 축조 시기는 무왕대(武王 : 서력 600~641년 재위)로 보는 것이 일반적이나 6세기 중반대 중국청자편의 출토와 북위 업남성 (鄴南城) 등 중국 도성제의 영향 관계를 고려하여 볼 때, 6세기 후반으로 소급될 가능성도 배제하기 어렵다. 왕궁리 유적이 위치한 익산지역

정원시설 전경
View of the Gardening
Facilities

정원시설 출토 조경석
Gardening Stone

정원시설 중심부
Central Place of the Gardening
Facilities

ㄱ자형 배수로 ㄱ-shaped Drainage Ditch

정원 석조시설 Stone Facilities of Garden

의 성격이나 궁성의 조영 배경에 대해서는 아직 일치된 견해가 없으나 적어도 지금의 부여에 위치한 사비도성(泗沘都城) 정궁(正宮)과는 다른 별도의 궁[別宮]이었음은 분명하다. 1989년부터 2007년까지 계속된 발굴조사 결과 백제시대에는 처음의 궁성 단계에서 왕실과 관련된 불교사찰의 단계를 거쳤을 것으로 추정되고, 백제 멸망 후 사찰 기능이 지속되었던 것으로 이해되고 있다.

2005년도에 그 일부가 처음 확인된 정원 관련 시설은 궁성 단계와 관련된 것으로 보인다. 왕궁리유적의 전체를 양분하여 그 남쪽에 전각이 배치되고 북쪽의 동반부는 후원(後苑), 서반부는 공방(工房) 등으로 활용된 것으로 추정되는데, 정원 시설은 바로 남반부의 전각 지역과 북쪽 후원부의 경계지점에 해당된다. 2007년도 조사를 통해 더욱 자세한 내용이 밝혀짐에 따라 백제의 궁원(宮苑) 조영과 관련된 새로운 사실들이

관궁사명 토기
Inscribed Pottery

등잔
Lamp-oil Container

토제품
Potteries

다수 알려지게 되었다.

　물을 끌어 들이는 시설, 수로, 괴석과 자갈이 깔린 수조(水槽) 등으로
구성된 조경(造景) 시설, 그리고 수로로 둘러싸인 누정(樓亭)터로 추정
되는 건물지 등과 함께 중국의 태호(太湖) 부근 특산으로 알려진 어린석
(魚鱗石)과 흡사한 조경석이 확인되었다. 당시 중국의 궁원은 수려한 자
연 경관을 상징적으로 재연하기 위한 조산(造山)·계류(溪流)·지호(池
湖) 등의 조경시설과 함께 기이한 금수(禽獸)를 기르는 원(苑), 화초와 수
목을 가꾸는 원(園) 등으로 구성되는 것이 일반적인데, 왕궁리유적의 시
설은 그러한 궁원의 한 부분을 구성하던 것으로 볼 수 있다. 아직 조사
가 진행되지 않은 북반부는 궁원을 구성하는 요소의 하나였던 원림(園

林)으로 추정된다.

그 밖에 5층 석탑 주변 조사를 통해 궁성 단계의 전각지로 판단되는 건물지가 확인되었으며, 서문지에서 후원부로 연결되는 통로로 추정되는 시설도 새롭게 드러났다. 유물 가운데는 이 유적이 사찰로 기능이 전환된 이후 단계와 관련 있을 것으로 보이는「관궁사(官宮寺)」명 통일신라시대 토기편이 주목된다.

(집필 : 전용호, 감수 : 박순발 · 김낙중)

Wanggung-ri, Iksan

Although document to pond, mountain, cattle and wild animal that were related to the gardening system of Baekjae palace was recorded in Samguksagi (The Annals of Three Kingdom), it has not been identified in archaeological evidence. Gardening facilities such as drainage system uncovered at the Wanggung-ri site in Iksan estimated to be a secondary palace of Baekjae during the late 6th-7th AD were important data to reconstruct the gardening system of Baekjae. More elaborated approaches to the fundamental structure of garden of Baekjae would be possible throughout gardening facilities symbolically reproducing natural landscape unearthed at the Wanggung-ri site.

문양토기 Pottery

패형 와제품 Shell-shaped Roof Tiles

영산강 상류에서 확인된
삼국시대 대규모 취락

Taemok-ri, Damyang

호남문화재연구원

태목리유적은 장성~담양간 고속국도의 본선과 북광주IC 신설 공사 부지에 대한 조사를 통해 처음으로 확인되었다. 유적은 경작지로 이용되고 있는 영산강의 충적대지에 분포하고 있는데, 2004~2005년의 1차 발굴조사를 통해 청동기시대~삼국시대에 이르는 주거지 435기, 수혈 50기, 분묘 12기 등이 확인된 바 있다. 2007년도에 이루어진 조사는 그에 이어진 것으로서 삼국시대의 취락을 구성하던 주거지군과 더불어 당시의 분묘역이 확인되었다. 장기간 지속적으로 점유가 이루어진 유적이므

유적 전경
View of the Taemok-ri Site

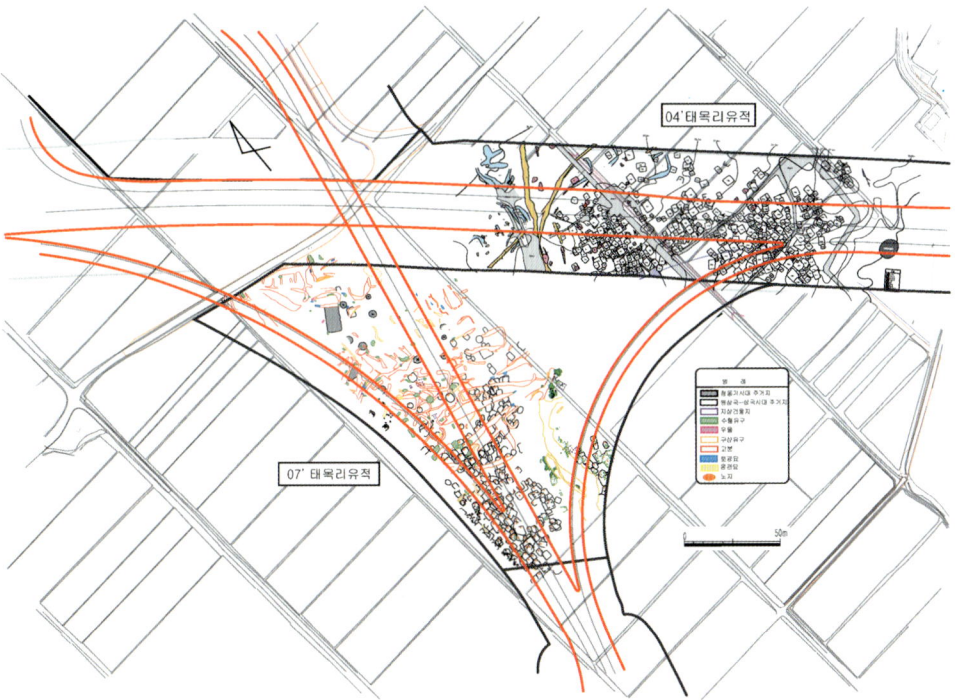

유구배치도 Plan of the Taemok-ri Site

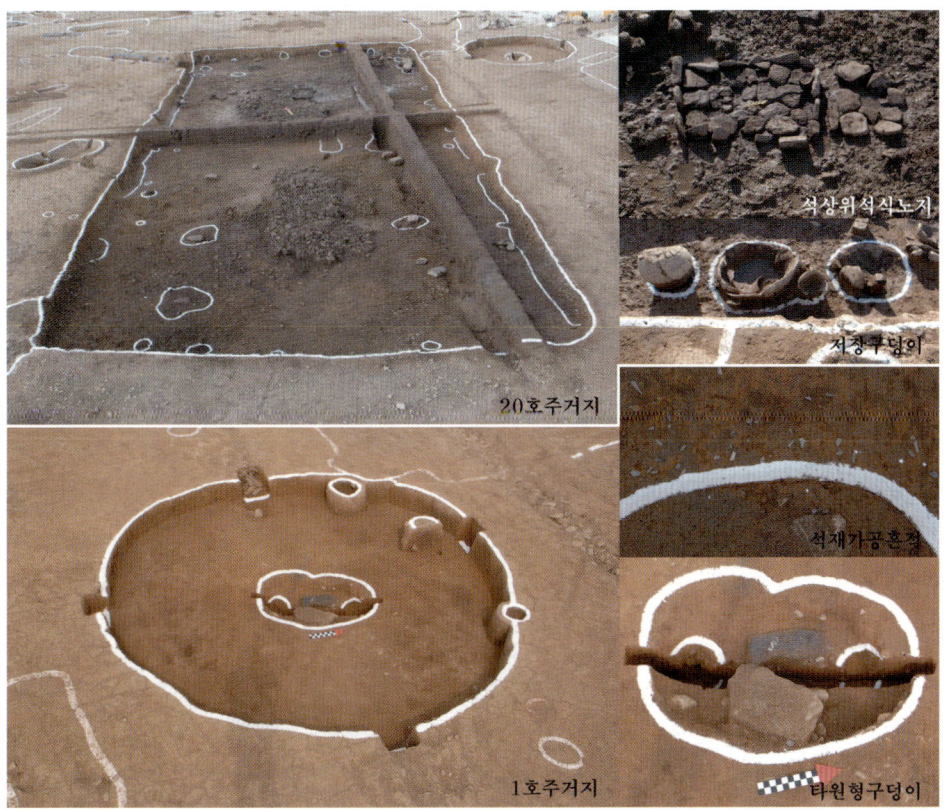

청동기시대 주거지
Bronze Age
Dwellings

원삼국시대 주거지(P3호 주거지)
Proto-Three Kingdom Period
Dwelling (Dwelling No.P3)

원삼국시대 주거지(M6호 주거지)
Proto-Three Kingdom Period Dwelling (Dwelling No.M6)

원삼국시대 주거지(H13호 주거지)
Proto-Three Kingdom Period Dwelling (Dwelling No.H13)

로 시기별 유구 분포 상에 일정한 변화가 나타난다. 청동기시대는 유적
의 북쪽 가장자리에, 원삼국시대는 유적의 중앙에서 북쪽으로 치우친 부
분에, 그리고 삼국시대는 중앙에서 남쪽까지의 지점에 밀집되는 양상으
로 확인되었다.

지금까지 영산강유역에서 알려진 삼국시대 주거지의 구조는 수혈의 가
장자리를 따라 설치된 벽구(壁溝)와 함께 네 모서리에 각각 1개의 기둥
이 배치되는 이른바 4주식주공 등이 특징적인데 비해, 태목리에서는 그
러한 예가 극히 소수이고 경남지역에 주로 분포하는 평면형이 원형인 주
거지가 확인되어 주목된다. 분묘는 주구의 형태가 사다리꼴이 기본이지
만 그와 연접되는 것으로서 'ㄱ'자형, 'ㅁ'자형, '‖'자형 등 다양한 편

삼국시대 주거지 중첩상태
Three Kingdom Period Dwellings

삼국시대 주거지
Three Kingdom Period Dwelling

이며, 매장주체부는 토광묘가 중심이지만 주구 등에는 옹관묘도 함께 조영되어 있다. 분묘역의 북쪽에서부터 남쪽으로 내려오면서 무덤의 규모가 커지고 그와 함께 장축방향도 동-서 방향에서 북동-남서방향으로 변화되는 양상을 보이고 있다.

(집필 : 이영덕, 감수 : 박순발)

Taemok-ri, Damyang

At the Taemok-ri site, in Damyang, located in alluvial basin of the upper valley of the River, Yeongsan, an extensive-scale settlement occupied from the Bronze Age to the Three Kingdom Period have been identified. Excavation of this site was commenced due to the construction of the Jangseong-Damyang motorway and Buk-Gwangju (North Gwangju) interchange. Approximately 400 dwellings from the Bronze Age to the Iron Age and 70 burials dated to the Three Kingdom Period were densely populated in this site that features were overlapping each other. In this context, this site provides invaluable data to investigate the transitional process of the settlement in accordance with the phases.

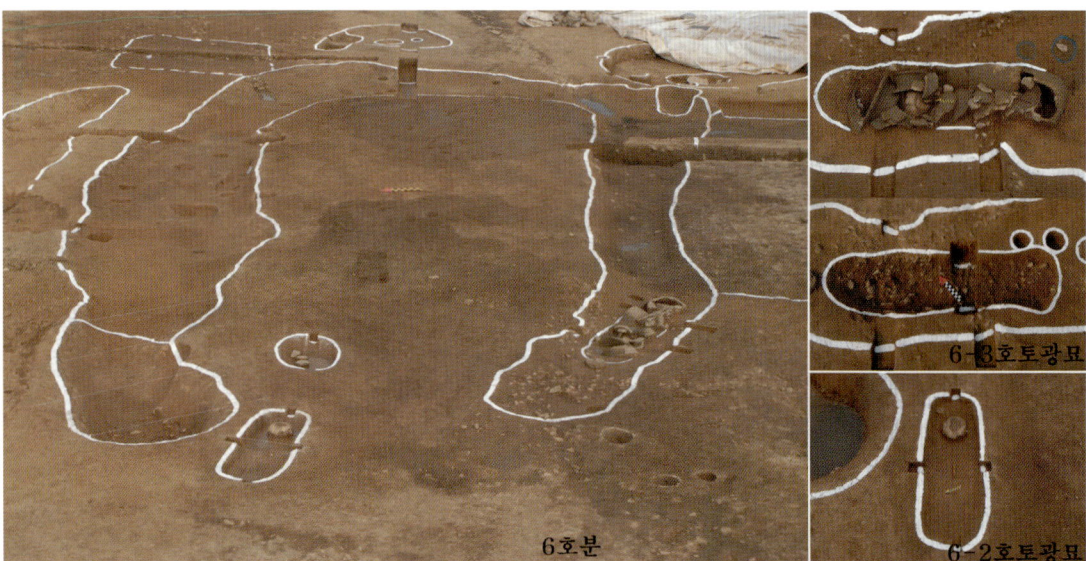

삼국시대 분묘 Three Kingdom Period Tumuli

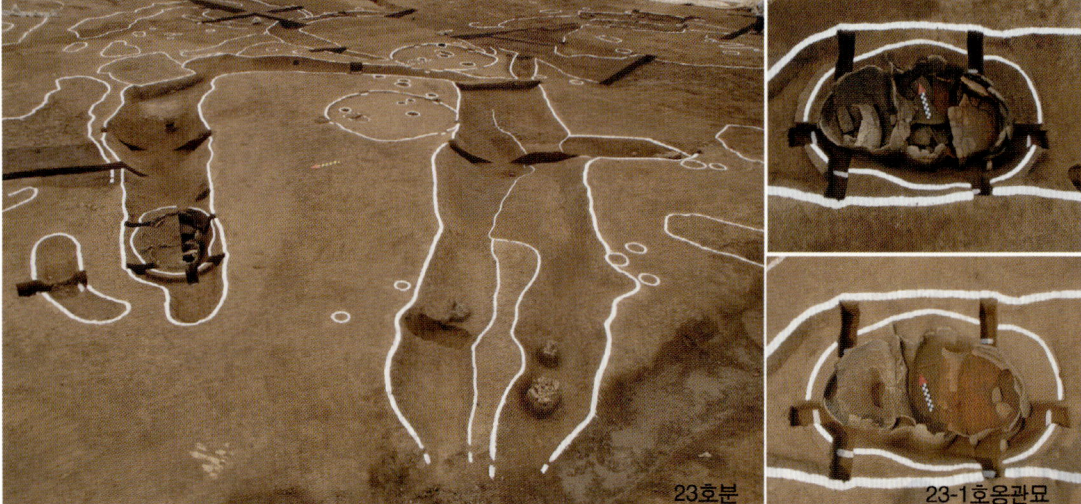

23호분 조사상태 Tomb No. 23

KM-010 횡혈식 석실분 Stone Chamber Tomb No.KM-010

KM-011 횡혈식 석실분 Stone Chamber Tomb No.KM-011

KM-012 횡혈식 석실분 Stone Chamber Tomb No.KM-012

KM-013 횡혈식 석실분 Stone Chamber Tomb No.KM-013

실의 중간지점에 연도가 달리고 벽의 가운데 부분이 약간 밖으로 배를 내민 이른바 동장(胴張) 기법으로 된 정사각형 석실(474×474㎝)은 천장의 일부분을 제외하고는 거의 완전한 지하식이다. 천장이 없어진 석실의 깊이가 무려 348㎝에 달하여 지금까지 확인된 한성시기 백제 석실묘 가운데서는 최대급에 속한다. 석실을 지하에 구축함으로써 생기는 지표면과의 깊이 차이를 완화하기 위해서는 연도(羨道)와 연도 바깥의 묘도(墓道)의 길이가 길어질 수밖에 없다. 연도의 길이가 약 3m에 달하고 그에 이어진 묘도는 약 4.5m에 이르지만 그럼에도 묘도부분의 경사는 약 35° 가량으로 되어 있다. 석실바닥에는 강자갈을 전면에 깔았는데, 바닥에서 모두 5인분의 인골 및 관재(棺材)·관정(棺釘)이 확인되어 몇 차례의 추가장을 상정할 수 있다. 규모나 축조기법 상의 정교함 등으로 보아 지역의 유력한 수장 가족 구성원의 무덤으로 추정되나 통일신라 말경에 이미 석실 내부가 노출되었던 흔적과 더불어 여러 차례에 걸친 도굴로 인해 남아 있는 부장품은 빈약하다.

KM-016 횡혈식 석실분 Stone Chamber Tomb No.KM-016

KM-016 묘실 내부
Burial Chamber of Stone Chamber Tomb No.KM-016

KM-016 북쪽벽석
Northern Wall of Stone Chamber Tomb No.KM-016

KM-016호 무덤길 및 연도 폐쇄 상태
Corridor of Stone Chamber Tomb No.KM-016

KM-016호 연도부 폐쇄석 제거상황
Corridor of Stone Chamber Tomb No.KM-016

마애불상 얼굴 세부 모습 Detail of face of Rock Cliff Buddha

에서 느껴지는 엄숙함은 통일신라 불상의 전형적인 특징이라고 할 수 있
다. 그리고 이 불상의 수인은 통상적인 형식과는 비교되는 특이한 것으
로, 지금까지 남산 왕정골 석조여래입상을 비롯하여 몇 예만이 확인된
바 있다. 이상의 특징으로 보아 열암곡 마애불상은 경주 남산의 삼화령
삼존불, 배리 삼체불, 토함산의 석굴암 본존불로 이어지는 신라 불상의
큰 흐름을 이어가는 중요한 자료로 평가되며, 인접한 석불좌상의 조성
연대와 이러한 조각양식의 특징 등을 통해 조성의 상한을 8세기 후반 경
으로 추정해 볼 수 있다.

(집필 : 권택장, 감수 : 이주헌)

The Third Temple Site, Yeolam Valley, The Mt. Nam, Gyeongju

The Yeolam Valley, located on the western hill of the southern slope of the Mt. Nam, is the first ravine to enter into the Baekwoon Valley. The location of a sitting Buddhist statue was reported to the third temple site in ground reconnaissance. Head and middle part of stereobate had not been found, but were discovered in lower position of the valley in 2005 by the information of a citizen. The project to restoration and maintenance of the Yeolam Valley has planned since March 2007, and three building structures and six embankments have been identified. In this survey, the rock cliff Buddha was discovered in the southeastern slope from the sitting Buddhist statue.

A Rock Cliff Buddha in the Yeolam Valley is an embossed carving of a granite rock ($250 \times 190 \times 620$cm in dimension and 80 tons in weight). In the first time of survey, it was hard to know a detailed feature since it fall toward from the original location. The pedestal, legs, chest and shoulder of Buddha were identified during the investigation. The height of statue is 560cm constituting 460cm from head to foot of statue, and 100cm of the lotus flower-carving pedestal. The date of this statue is estimated to be the late 8th AD.

청자 사자장식 향로 Incense Burner of Celadon Porcelain with Lion Adornment

조선 왕조 전후기의 역사를
그대로 간직한 경복궁 광화문

The Gwanghwamun Gate Site, Gyeongbok Palace, Seoul

국립문화재연구소

광화문(光化門)은 경복궁의 정문으로, 태조 4년(1395) 창건되어 임진왜란(1592) 때 소실되었다가, 고종 2년(1865) 경복궁을 재건하면서 함께 중건되었다. 이후 일제에 의해 건춘문 북편, 현재의 국립민속박물관 정문의 위치로 이건(1927)되었고, 한국 전쟁(1951년경) 당시에는 피폭으로 문루가 소실되는 수모를 겪었다. 그 이후 1968년 철근 콘크리트 구조로 새로운 광화문이 재건되면서 원위치보다 북으로 약 11.2m, 동으로

광화문과 월대(1890년경 전경)
Gwanghwamun and Woldae in 1890

태조연간 광화문지
Gwanghwamun in the Reign of
King Taejo

고종연간 광화문지
Gwanghwamun in the Reign of
King Gojong

약 13.5m 떨어진 지점에, 중심축 또한 경복궁의 축에서 동으로 약 3.41°
틀어져 지어졌다. 이에 경복궁 광화문의 제자리와 제모습을 찾기 위해
이 일대에 대한 발굴이 진행되었다.

고종연간 광화문지의 규모는 기단 기준 동서 34.8m, 남북 최대 잔존
길이 14.5m로, 북편은 구광화문과 상수도관 등으로 파괴되어 남아있지
않았다. 그리고 그 70cm 아래에서 태조연간 광화문지가 확인되었다. 고
종연간 광화문지와 비교했을 때 기단의 위치와 규모가 정확하게 일치하
는 것으로 밝혀졌는데, 결국 창건 당시 광화문에 2~3단 가량 석재를 덧
쌓아 고종연간의 광화문을 축조한 것이다. 그러나 육축(陸築)의 규모는

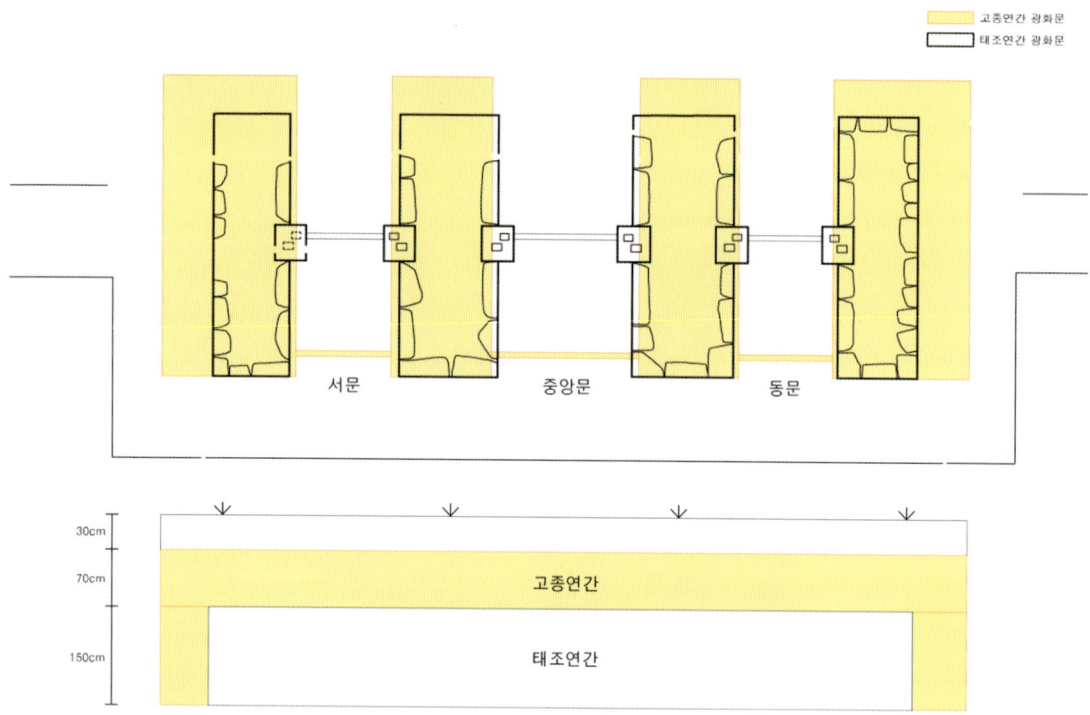

고종연간 광화문
태조연간 광화문

서문 중앙문 동문

30cm
70cm 고종연간
150cm 태조연간

태조,고종연간 광화문지 현황도 Plan of Gwanghwamun

태조, 고종연간 광화문 축조상태 Gwanghwamun in the Reign of King Taejo and Gojong

동서 길이 27m, 남북 잔존 길이 9.6m로 고종연간 광화문 육축에 비해 4m 가량 작았다. 통로의 크기와 문이 설치되는 위치도 일부 차이점이 있음이 확인되었다.

월대는 주변보다 높게 쌓은 단(壇)으로 좌우에는 장대석 기단 2열을 2단으로 쌓았으며, 중앙부에는 광화문의 중앙문으로 연결되는 왕만이 다니던 길인 어도(御道)의 흔적도 확인되었다. 궁장은 광화문의 동서로 이어지는 경복궁의 남편 궁장으로, 너비 320~360cm 내외에 궁장 처마의 낙숫물을 받는 박석도 발견되었다.

출토된 유물은 조선 초기~후기에 이르는 조선시대 도·자기류 및 기와편·전돌편, 동물뼈 등을 비롯하여, 그 이전 고려시대 기와 및 전돌,

태조연간 광화문지 아래 지정말목 노출전경 Wooden Piles

월대 동편 기단 석렬 Stone Line

잡상 Terra-cotta (Roof-tile)

자기 등이 있다. 특히 고려시대 유물의 출토는 경복궁터가 고려시대 남경(南京)의 위치였을 가능성을 한층 높여주고 있다.

이번 발굴조사를 통하여 조선의 정궁(正宮)인 경복궁의 정문이 제 위치를 찾을 수 있게 되었다. 또한 조선후기 고종연간의 광화문지와 더불어 경복궁 창건 당시 태조연간의 광화문까지 발견되어, 조선 전기~후기 480년에 이르는 조선시대 궁성문 축조기술의 변화상을 알 수 있었다. 앞으로 이는 그동안 기록이 남아 있지 않아 정확한 위치와 규모를 알 수 없었던 경복궁 창건 당시의 모습을 추정하는 귀중한 자료가 될 것으로 기대된다.

(집필 : 최인화, 감수 : 신희권)

The Gwanghwamun Gate site, Gyeongbok Palace, Seoul

Gwanghwamun Gate, the main entrance of Gyeongbok Palace, was founded in the fourth year of King Taejo's reign (1394), was burnt down during the Japanese invasion in 1592 and was restored in the second year of King Gojong's reign (1865) in company with the rebuilding of Gyeongbok Palace. The government-general Chosun (1910-1945) changed its location to the main entrance of present-day the National Folk Museum of Korea in 1927. In 1951, the upper house of gate collapsed due to bombing during the Korean War (1950-1953). Archaeological survey to restore the original structure revealed the features of the late Chosun dynasty estimated to be the King Gojong's reign associating foundations of Gwanghwamun, flights of stone steppe that interconnected with the gate in N-S direction, and stone walls that laid across with the gate in E-W direction in the upper layer and structures of the early Chosun dynasty dated to the reign of King of Taejo, such as gate, flights of stone steppe and stone walls in the lower layer. This archaeological context that the same type of building structures coexisted at the same district might make it possible to trace the diachronic transition of the palace gate constructing technology.

조선시대 분묘군으로 보는
한양 북서쪽의 북망산천

Jingwan-dong, Eunpyeong-gu, Seoul

중앙문화재연구원

이 유적은 서울 은평 뉴타운 도시개발사업부지(제2지구 C공구) 건설에 따른 구제발굴의 일환으로 조사되었다. 발굴조사 결과 총 5개 지구에서 토광묘 3,459기 등 대단위 공동묘역의 조선시대 무덤군이 확인되었다. 유적은 한양에서 북서쪽으로 약 10km 지점에 위치하며, 도성으로부터 이곳에 이르려면 무악재-홍제-녹번-박석고개를 넘어야만 한다. 이러한 자연 지리적인 여건은 당시 도성 부근 10리 내에 매장을 금지하도록 한 경국대전 규정에 따라 대규모 조선시대 무덤군이 형성될 수 있

유적 원경
View of the Jingwan-dong Site

대동여지도-경조오부도
Daedongyeojido (Seoul Area)

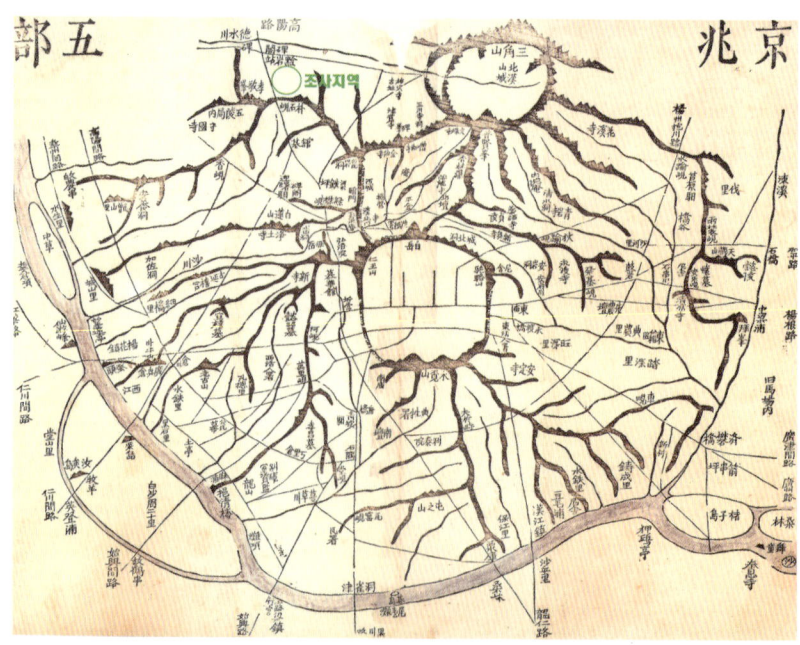

3지구 전경
View of District 3

는 배경이 되었던 것으로 미루어 짐작된다.

　무덤은 자연구릉의 경사면을 따라 만들어졌으며, 토광묘와 회격묘(회
곽묘 포함)로 구분된다. 토광묘는 무덤 내에 아무런 시설이 없는 경우와
목관이나 목곽을 시설한 경우가 확인되며, 100㎡(10×10m)에 36기가
밀집될 정도로 복잡하게 중복되어 있다. 이러한 무덤은 후대로 내려오
면서 토광묘는 목곽에서 목관으로 변화되며, 회격묘가 중복의 마지막 단
계로 선대 토광묘를 침범하고 있다. 또한 무덤의 규모는 작아지고, 유물

68호묘 Tomb No.68

1066호묘 Tomb No.1066

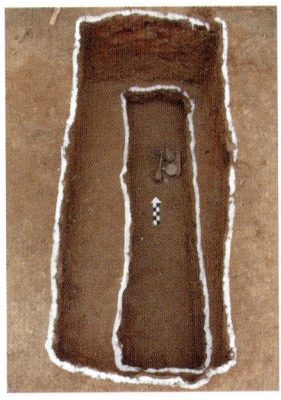

24호묘 Tomb No.24

24호묘 유물 노출상황 Artefacts in Tomb No.24

의 수량이 줄어들거나 명기로 교체되는 등 무덤이 점점 박장화(薄葬化)
되어 간다.

유물은 모두 1,500여 점으로 분청사기와 백자를 비롯한 자기류, 청동
숟가락 등 청동제의 기명류와 갓 끈 장식으로 사용된 구슬과 귀걸이·
가락지·동곳 등 각종 장신구, 벼루와 연적과 같은 문방구 등 다양하게
출토되었는데, 주로 일상 생활용기들이 대부분이다. 또한 무덤 주변을
장식하는 석물은 묘갈, 상석, 고석, 향로석, 문인석, 동자석, 비좌, 계체
석 등이 수습되었다. 이러한 유물이나 기물은 그 재질이나 종류로 보아
조선시대 중상류층 이상의 신분을 지녔던 것으로 추정할 수 있다.

특히 Ⅲ지구 378호 토광묘에서 출토된 작은 백자 항아리안의 달걀과
Ⅱ-3지구 12호 토광묘 바닥에 깔린 조선통보 등을 통해 당시 사람들의
사후관념에 대한 이해의 폭을 넓힐 수 있게 되었다. 또한, 무덤 내에서
확인된 670여 개체에 이르는 인골 자료의 분석을 통해 성별·나이·신
장·건강상태 등 다양한 연구 대상을 제공함으로써 피장자와 그가 속한

집단의 생활과 건강을 비롯한 생물학적 변화를 파악할 수 있을 것으로 기대된다.

진관동 조선 분묘군을 통해 상례비요(喪禮備要)·증보사례편람 상례(增補四禮便覽喪禮) 등의 예서에 언급된 성리학적 기준에 의한 조선시대 분묘 축조의 형태나 규범과 함께 '북망산천'의 주인공에 대하여 이해의 폭을 넓히고, 좀 더 다가갈 수 있는 장(場)을 마련하게 되었다.

(집필 : 조길환, 감수 : 조상기)

Jingwan-dong, Eunpyeong-gu, Seoul

A total of 3,459 graves and approximately 1,500 artefacts dated to Chosun dynasty were identified at the Jingwan-dong site, Seoul. This site is located in about 10km northwest of the central Seoul, and situated on mountain ranges and ridges. Graves are classified into pit burials and plaster coffin tombs. Stone statues, and internal structures of burial (wooden coffin, outer coffin and plaster coffin) and grave well present the concept of funeral rites and posthumous ideals regulated by Confucian documents.

378호묘 유물 노출상황
Artefacts in Tomb No.378

378호묘 Tomb No.378

조선시대 관영시장 시전행랑과 피맛길

Address No.40, Jongro-2Ga, Seoul

한울문화재연구원

조선이 개국되고 궁궐 및 종묘사직과 함께 한양 도성 내부의 중요시설로 건립된 것이 시전(市廛)이다. 시전행랑은 태종 12(1412)년에서 태종 14(1414)년까지 종로 일대에 관영시장으로 건설되었으나 임진왜란 때 대부분 전소되었으며, 이후 영조 30(1750)년경에 이르러서 다시 도성은 물론 조선의 중심시장으로 자리매김하게 되었다.

금번 유적은 2004년 '청진6지구 유적'에 이어서 두 번째로 조사된 시전행랑 유구이며 조사지역은 현재 탑골공원이라고 불리는 원각사지와 인접한 지역이다.

시전행랑 전경
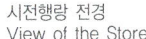
View of the Store

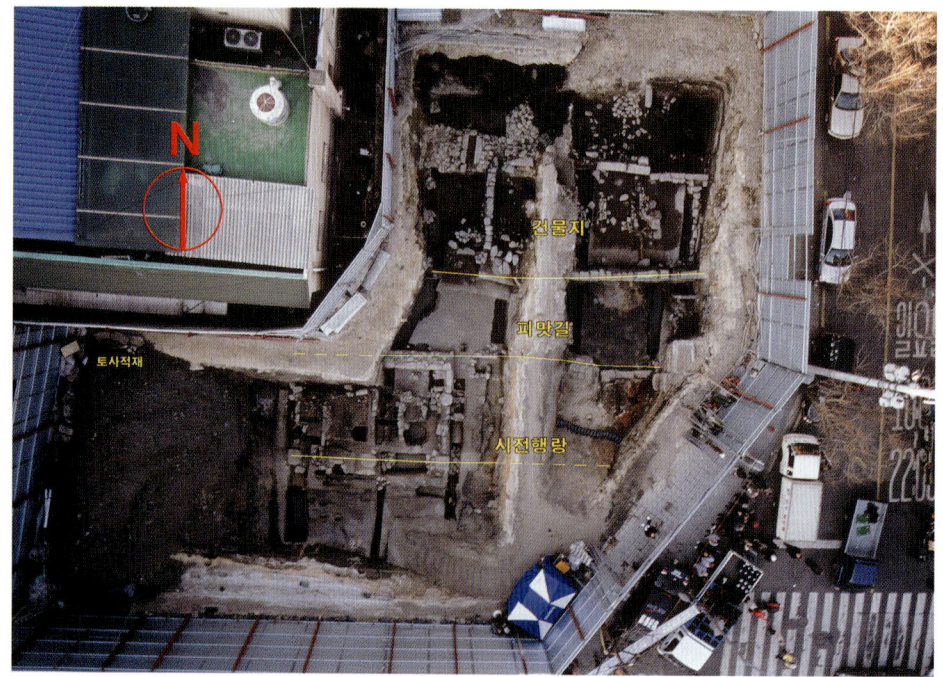

유적 원경 View of the Site

　조사 결과, '청진6지구 유적'에서 확인된 조선 전기 시전행랑 유구와 유사하게 현 지표면에서 약 2.5m 아래에서 관련 유구들을 확인할 수 있었고, 그 뒤쪽에서는 피맛길과 건물지 유구를 확인할 수 있었다. 유구는 태종 때에 건립한 것으로 추정되는 유구와 그 이후 임진왜란으로 인해서 전소된 유구 등 크게 2개의 문화층으로 구분할 수 있었다.

　금번 조사된 유구와 '청진6지구 유적'에서 보고된 조선 전기 시전행랑 유구를 비교할 때, 그 규모, 배치, 세부 수법 및 두꺼운 소토층이 하부에서 조사된 점 등 많은 부분에서 유사하다. 특히, 두 유적 모두 일정 깊이에 광범위하게 두꺼운 소토층이 형성되어 있고 그 층에서 출토되는 유물의 양상이 유사하며 16세기 자기편이 수습되는 것으로 보아 이 소토층을 구성하는 유구의 전소 시기는 도성 내부가 임진왜란으로 폐허가 된 시기로 비정된다.

　금번 조사에서 시전행랑은 종로 북측 도랑(배수로)의 배후에 위치하며 여러 겹의 정지 및 성토작업을 진행한 후 축조한 것으로 보인다.

　소토층을 구성하고 있는 시전행랑 유구를 보면, 단위공간의 평면은 정

시전행랑 탄화마루 Wooden Floor

배후건물지 Building Structure

면 2칸(약 7.66m)에 측면 1.5칸(약 5.28m)으로 구획되며 이 면적은 대
략 40.44㎡(12.23평)이다. 이 단위평면이 연속된 행랑을 구성하는 독립
된 하나의 공간이었을 가능성이 높다. 정면 2칸은 다시 각각 2칸씩 분
할되어 전체적으로 4개의 공간으로 구획되는데 방(온돌)+마루, 방(온돌)+
봉당(토방) 칸으로 나누어진다. 그 전면 폭은 서측 방(온돌)이 약 1.5m,
마루가 약 2.3m, 동측 방(온돌)이 약 1.5m, 봉당(토방)이 약 2.36m이
다. 또한 소토층을 구성하고 있는 시전행랑은 소결되어 구들이 붕괴된
채 확인되었으며 탄화되어 목탄화된 우물마루가 확인되었다.

시전행랑 유구 뒤편으로 흑회색 및 회색의 점질토와 사질토가 일정한 두께로 여러 겹 퇴적된 도로유구가 확인되었는데 이것이 '피맛길'로 추정된다. '피맛길' 북측에서도 시기를 달리하는 건물지가 조사되었는데 노출된 유구의 규모 등을 볼 때 원각사 또는 경시서(평시서:시전 관할 관청)와 관련된 유구로 추정된다.

금번 조사된 유적에서는 조선 전기 시전행랑 유구가 비교적 온전한 상태로 확인되어 당시 시전행랑의 규모와 구조를 파악하는데 중요한 자료를 제공하고 있다. 시전행랑 후면으로 현재까지 유지되고 있는 도로(피맛길)의 흔적과 배후 건물지가 조사되어 조선 전기 도성의 도시계획에 대한 연구의 실제적인 자료로 이용될 것으로 보인다. 또한 출토된 유물 중 일부 편년을 알 수 있는 간지명, 묵서명이 남아있는 자기편 및 명(明)에서 수입된 청화백자 등이 출토되어 조선시대 사회경제사 및 문화사 연구에 기초자료가 될 것으로 기대된다.

(집필 : 최종규 · 장진희, 감수 : 정상석)

1780년대 도성지도
Map of Seoul in 1780

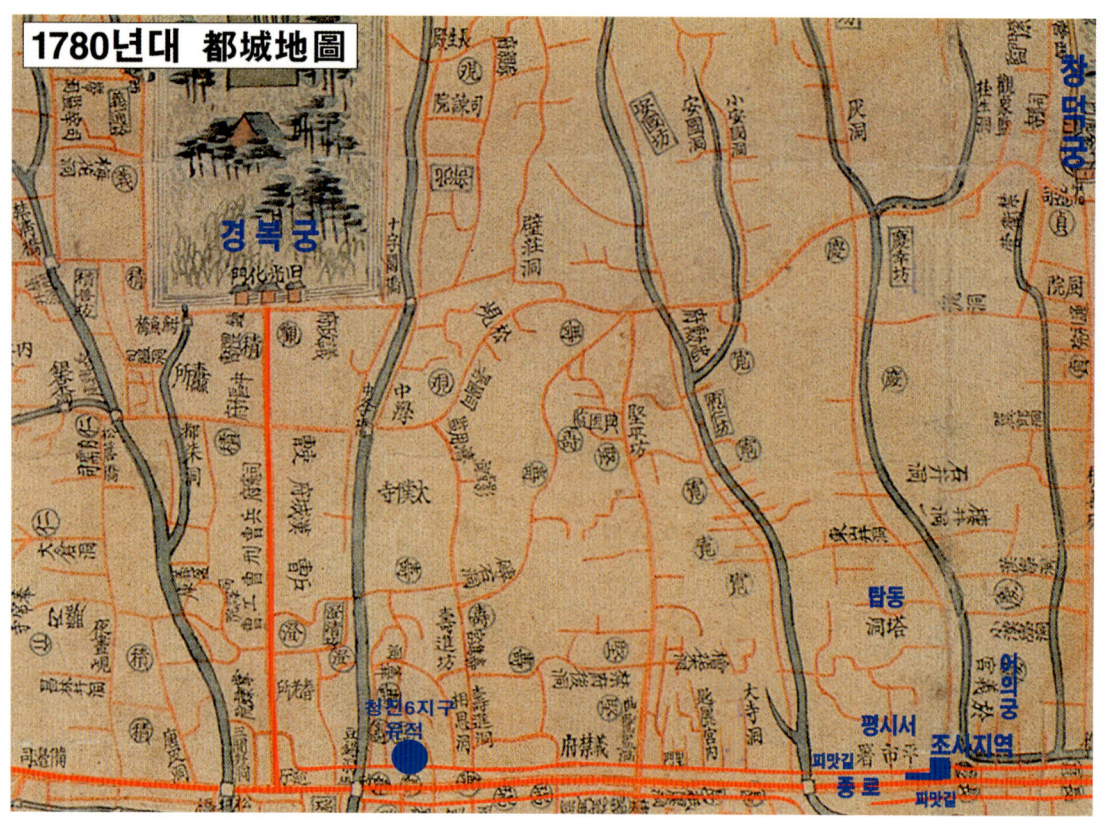

Address No.40, Jongro-2Ga, Seoul

Sijeon, Jongro, Seoul, was the trade centre of Chosun dynasty that approved by government. In company with the Ceongjin Six District, this was the secondly excavated shopping district where remains of stores, Pimat-gil (Pimat Road) and a building structure estimated to be Gyeongsiseo (the government office supervising market) were identified in this area. The date of store structures was divided into two phases, the reign of King Taejong and the Japanese invasion in 1592. Plan of store is divided into two partitions in front and 1.5 partitions in side, and the dimension of store is approximately 40.44㎡. In general, Store is composed of four sections, a room (Korean underfloor heating system) + a wooden floor and a room (Korean underfloor heating system) + a storage room. On the back side of store structures, the Pimat-gil road structures that silt layers and sand layers were piled on one on another were identified. This site would offer important data to research the town planning of the early Chosun dynasty, and unearthed artefacts such as porcelains and white and blue porcelains imported from Ming Chinese dynasty will be basic resources to investigate socio-economic history of Chosun dynasty.

II. 해외유적

| Journal of Korean Archaeology |

서아무르 유역 최대 규모의 발해·말갈유적

Troitskoye, the Western Amur River Basin

문화재청 국립문화재연구소 · 러시아과학원 시베리아지부 고고학민족학연구소

이 유적은 러시아 서아무르 유역에 위치하는 최대 규모의 발해·말갈 무덤군으로, 약 1,000여 기의 무덤이 밀집분포하고 있다. 1969년 처음으로 발견된 이래로 2006년까지 계속된 발굴조사를 통해서 그 조성시기는 발해 시기에 해당하는 기원후 8세기 전반~9세기 후반 경으로 밝혀지고 있다.

러시아와 공동으로 진행된 2007년 발굴조사에서는 발해·말갈 무덤 18기와 신석기시대 수혈 1기가 확인되었다. 발해·말갈 무덤은 모두 장방형의 움무덤으로 장축은 대부분 남북방향이다. 이러한 무덤은 장법(葬法)에 따라 1인 단독장(單獨葬, 1기)과 다인세골장(多人洗骨葬, 17기)으로 크게 구분되며, 다인세골장은 내부시설의 불태움 유무에 따라 세분되기도 한다. 1인 단독장은 시신을 바로 매장한 형식으로 무덤규모가 작고, 관 또는 곽 등 내부시설이 확인되지 않았다. 반면에 다인세골장은 무덤 이외의 공간에서 탈육시킨 후 인골을 추려서 매장한 무덤으로, 인골

토기류 Potteries

277호 묘 Tomb No.277

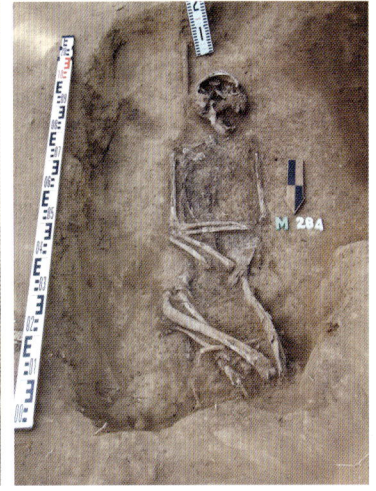

284호 묘 Tomb No.284

유적위치
Location of the Troichkoye Site

은 무덤의 중앙 또는 일정한 구역에 말뼈 등 짐승뼈와 함께 겹겹이 쌓인 상태로 출토되는 특징을 보인다. 이중에서 잔존상태가 양호한 277호를 통해서 무덤의 축조방법을 살펴보면, 먼저 깊이 50~80cm 가량의 구덩이를 파고, 무덤 벽에 잇대어 통나무를 결구하여 곽을 만들고, 그 내부에 관을 안치하였다. 그리고 관과 곽을 태우는 의례를 행한 후 세골한 인골과 말뼈를 매장하고, 그 위에 흙을 덮어 마무리하였다.

발해·말갈 무덤의 출토유물은 그리 많지 않다. 토기는 무덤에서 1~2점이 출토되는데, 대부분 흑갈색 연질의 심발형토기이다. 토기 구연부와 동체 상부에는 돌대가 형성되어 있고 저부에는 직경 3~5cm의 고의로 깬 구멍이 있다. 철기는 철모, 찰갑, 도자, 칼, 관못 등이 출토되었으며, 장신구로는 은제귀걸이, 구슬, 관옥 등이 소량 출토되었다.

이러한 유물의 분석을 통해 러시아에서는 중국 동북지역에서 이곳 서

찰갑류 Armours

아무르 유역으로 발해주민의 이동을 상정하기도 하여, 향후 발해 서북 지역의 역사 복원에 중요한 자료가 될 것으로 평가된다.

이번 발굴자료는 그간 알 수 없었던 서아무르 유역의 발해말갈 무덤 의 구조와 장법을 이해하는데 중요한 자료가 된다. 특히 다인세골장, 말 뼈 부장, 무덤의 내부시설물을 태우는 매장풍습, 그리고 훼기(毀棄)풍습 등은 중국 동북지방 및 러시아 연해주의 발해고분과의 비교연구에 귀중 한 자료가 될 것으로 기대된다.

(집필 : 유은식, 감수 : 홍형우)

Troitskoye, the Western Amur River Basin

The Troitskoye site is the largest Balhae-Malgal tumulus in the western Amur River Basin, a total of 18 burials were excavated. Graves are divided into the individual burial and the secondary burial that collected the several deceased bones. In addition, burial type is re-categorised by the burning of wooden coffin and outer coffin. The structure and the method of body treatment uncovered at this site might offer the important data to specialists who investigate cross-cultural characteristics of mortuary practice between the Northeast Manchuria and the Maritime Province of Siberia.

장신구류 Ornaments

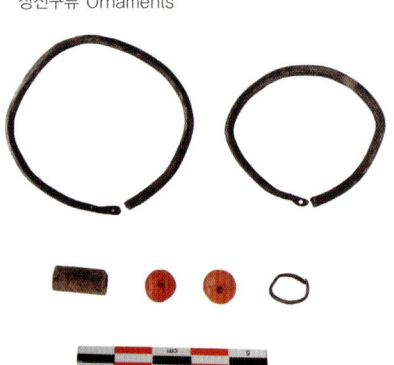

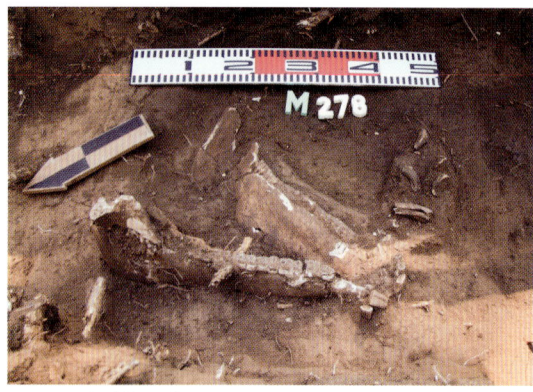

278호 묘 말 하악골 노출장면 Horse Low Jawbone in Tomb No.278   285호 묘 분 Tomb No.278

옥저와 발해의 쪽구들 동시 확인

The Chernyatino-2 site, the Maritime Province of Russia

문화재청 한국전통문화학교 · 러시아 극동국립기술대학교 · 러시아과학원 극동연구소

체르냐티노-2 주거유적은 러시아 연해주 옥탸브리스키 지구의 체르냐티노 마을 부근, 라즈돌나야(솔빈) 강의 우안 테라스에 위치한다. 이 유적의 서쪽에는 체르냐티노-5 발해 고분군이, 동쪽에는 시넬리코보 발해산성이 각각 위치하여 발해시기 산성과 고분군 그리고 주거유적이 하나의 복합체를 이루고 있다.

유적에서는 신석기시대, 청동기시대, 초기철기시대, 발해 등 여러 시

유적 전경
View of the ChernyatiNo-2 Site

옥저 쪽구들 주거지 Dwelling installing Hypocaust (Okjeo)

옥저 쪽구들 아궁이 Fuel Hole (Okjeo)

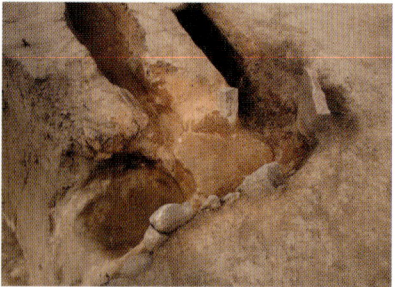

발해 쪽구들 아궁이 fuel Hole (Balhae)

발해 쪽구들 Hypocaust (Balhae)

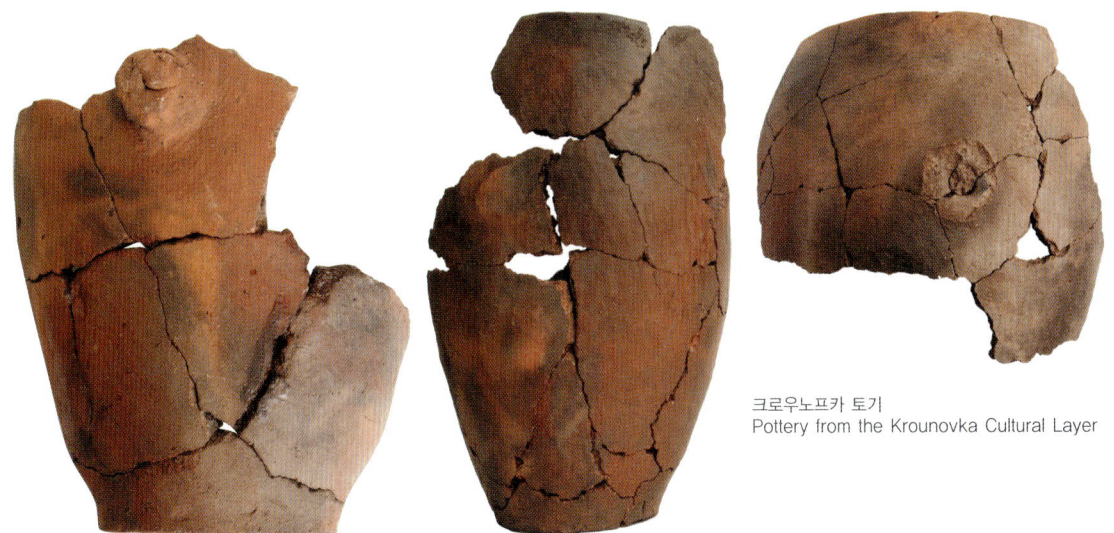

크로우노프카 토기
Pottery from the Krounovka Cultural Layer

기의 유물이 출토되었지만, 문화층은 발해 문화층과 초기철기시대 크로우노프카 문화층만이 뚜렷하게 확인되었다.

발해 문화층에서는 발해의 쪽구들 1기와 다수의 폐기물 구덩이가 조사되었다. 2호 주거지로 명명된 발해 쪽구들은 아궁이 일부와 함께 대부분의 고래가 남아있었고, 평면상 'ㄷ'자 모양이었다. 아궁이는 바닥이 고래의 바닥보다 약 10㎝ 정도 깊으며, 불에 타서 약 4㎝ 두께로 매우 딱딱하게 굳어 있었고, 주황색을 띠었다. 아궁이 바닥 위에는 재가 채워져 있었고, 바닥 토양은 불에 타 변색되어 있었다. 아궁이의 측면과 안쪽 면에는 판석을 세로로 세워 고정시켜 놓았고, 고래와의 연결 부분에도 벽에는 판석을 세워 놓았다. 아궁이의 잔존 크기는 길이 1m, 너비 0.5m 정도였다. 고래는 2열이 평행하게 나있는데, 바깥쪽의 고래 가운데 부분에 약 1.5m 길이로 판석으로 만든 구들장이 덮여있었다. 고래의 벽과 바닥이 모두 불에 타 아궁이 쪽은 적색, 굴뚝 쪽은 암갈색을 띠었다. 쪽구들의 전체 길이는 4.5m이다.

다수의 폐기물 구덩이에서는 다량의 동물 뼈와 물고기 뼈, 조개껍질, 장신구류, 토기 등이 출토되었다. 동물 뼈에는 돼지·개·노루 뼈 등이 다수를 차지한다. 장신구류 중에서는 패각으로 만든 단추가 주목된다. 그 외에도 철제 화살촉과 골제 화살촉도 적지 않게 출토되었다.

토기는 말갈계와 고구려계가 함께 보이고 있는데, 말갈계의 토기가 특히 많은 수량을 차지한다. 말갈계 토기들은 지속적으로 고구려계 발해

토기들과 공반되고 있기 때문에 발해시기의 토기임이 분명하다. 따라서 러시아 학계에서 단순히 '말갈 토기'라고 부르고 있는 이 토기들은 향후 '말갈계 발해 토기'로 고쳐 불러야 할 것이다.

옥저의 것으로 알려져 있는 초기철기시대 크로우노프카 문화의 유물과 유구들도 적지 않게 확인되었다. 유물의 대부분은 경질의 무문토기이며, 많은 경우 '그루터기' 모양의 손잡이를 가지고 있다. 크로우노프카 문화의 유구로는 쪽구들이 있는 주거지와 토기 가마 및 가마 벽체 폐기물 구덩이가 대표적이다. 5호 주거지로 명명된 옥저의 쪽구들은 발해의 쪽구들보다 약 1m 정도 더 깊은 레벨에서 노출되어, 뚜렷한 층위 관계를 보여주었다. 옥저 쪽구들은 평면상 'ㄱ'자 모양이며, 고래가 1열만 있다. 아궁이는 고래에 비해 넓고 바닥이 모두 불에 타 단단하게 굳어 있었으며, 전체 너비는 약 56㎝, 아궁이 내부 너비는 약 42㎝이며, 길이는 약 70㎝이다. 아궁이와 고래의 벽은 모두 흙으로 되어 있고, 주변에 판석들이 산재해 있는 것으로 보아 원래는 납작한 돌로 된 구들장이 덮여 있었을 것이다. 이 쪽구들은 고래의 끝 부분이 둑 아래로 들어가 있는데 노출된 부분의 전체 길이는 약 2.2m이다.

크로우노프카 문화의 토기 가마와 가마 벽체 폐기물 유구는 나란히 위치하는데 크로우노프카 문화 토기편들 만이 출토되었다. 토기 가마는 남아있는 부분이 평면상 타원형에 가까우며 길이는 2.3m, 너비는 1.9m이다. 한쪽 벽을 따라 단단하게 굳은 벽체의 아래 부분이 노출되었다.

발해와 옥저의 쪽구들 자료는 향후 쪽구들의 기원 문제와 발전과정을 연구하는데 매우 귀중한 자료가 될 것으로 기대된다.

(집필 : 정석배)

말갈계 발해토기
Malgal-type Balhae Potteries

The Chernyatino-2 site, the Maritime Province of Russia

The joint archaeological research team of the Korean National University of Cultural Heritage and Russian Far-Eastern State Technical University conducted excavation at the Chernyatino-2 settlement site and the

발해 화살촉
Arrowheads of Balhae

발해 폐기물 구덩이 출토 유물
Artefacts from Balhae Refuse Dump

Chernyatino-5 tumuli site, the Maritime Province of Russia. Balhae cultural stratum contained one hypocaust and numerous refuse dumps, and Krounovka cultural stratum yielded four dwellings including a house installing a hypocaust, one pottery kiln and refuse dump of broken potteries. As simultaneously investigating hypocausts both of Balhae and Krounovka, the origin and typological changes of this feature are more clearly recognised. Assemblage of artefacts of Balhae period is abundant Goguryo and Malgal-type potteries, arrowheads and harpoons made from iron, arrowheads and projectile points made from animal bones and shell buttons. In addition, animal bones, such as pig, dog and deer, fish bones and shells are good resources to reconstruct the dietary pattern of Balhae people. Krounovka cultural layer yielded a number of plain hardware (Gyeongjil Mumun pottery) and earthen spindle whorls. Two Malgal pit burials were identified at the Chernyatino-5 tumuli site. It is possible to infer that each district clusters graves, because places where no tombs were constructed were identified in this survey.

한·러 국경지역 얀콥스키문화의 철기가공유적

The Barabash-3 Site, the Maritime Province of Russia

부경대학교 사학과·러시아과학원 극동연구소

부경대학교 사학과 한·러 국경지역 선사유적발굴단과 러시아과학원 극동지부 역사학고고학민속학연구소 선사고고학실은 2007년 연해주 남부지역 하산 지구 바라바시-3 얀콥스키문화 주거유적에서 주거지 1기를 발굴하여 각종 철기, 석검 및 다량의 토기 등의 유물과 철기의 가공과 관련된 것으로 추정되는 유구를 조사하였다. 이 유적은 블라디보스톡-하산 간의 도로 상에 위치한 바라바시 마을에서 프리모리스키예 마을로 약 7km 정도 진입한 지점의 바라바시 강 북편에 있다. 유적은 바라바시 강과 지류가 합류하는 합수머리 상에 형성된 해발 57.3m의 대

추정 단야유구
Iron Working Place

지 위에 분포한다. 현재 육안상으로 수혈이 약 10기가 확인되는데, 그 중 북편에 위치한 주거지 1기를 발굴 조사했다.

주거지 내부를 정리하는 과정에서 지표하 약 60~70cm 지점부터 주거지 동편에 주황색의 소토층과 숯이 섞인 암갈색 사질층이 확인되었다. 이를 확장조사하자 주거지 남서편의 소토층유구가 U자형으로 형성되고 그 가운데에서 노지에 쓰인 돌들이 확인되었다. 아울러 이 레벨층에서 철기 6점이 집중적으로 출토됨에 따라 철기를 가공했던 유구(단야유구)로 추정하게 되었다. 바닥면에 이르자 주거지 내부는 크게 두 지역으로 확연히 구분되어서 철기제작유구 내부에서는 두형토기와 철기 이외의 유물은 많이 출토되지 않았지만 다른 쪽 주거지 바닥에서는 토기완형, 곰베괭이, 화살촉, 다량의 어망추 등이 발견되었다. 철기 가공 유구의 바닥면에서 발견된 토기편은 강한 불을 맞은 듯 그 색이 암회색으로 변하고 기벽도 매우 단단해졌다. 여러 상황을 종합할 때 이 주거지는 원래 생활주거지였다가 이후에 그 일부를 작업장으로 사용했으며, 두 시기는 그리 차이가 나지 않을 것이라고 생각된다.

유물의 대부분은 얀콥스키 문화의 토기편이며 그 외에 어망추, 숫돌, 공잇돌, 석겸, 반월형 석도 등이 출토되었다. 토기 기벽에 붙은 유기물을 부유법으로 분리해본 결과 조와 수수가 확인되었는데, 이 지역 후기 신석기시대에서 발견되는 조와 같은 종류로 확인되어 패총문화로만 알려진 얀콥스키 문화의 농경전통을 확인할 수 있었다.

굴지구 및 벌채도구류 중에 석기는 곰베괭이 1점이 유일하다. 대신에 철기 7점 중에 6점이 철곽(鐵钁) 계통의 굴지구라는 점이 주목된다. 이 점은 철기 굴지구가 석기류를 대신했음을 보여주는 흥미로운 근거라고 하겠다.

본 주거지의 바닥면에서 출토된 목탄을 AMS로 측정한 결과 B.C.360 or 280이 나왔으며 철기가 출토된 노지 근처의 목탄에 대한 탄소연대치는 2,415±45(ＣＯＡＨ-7267)과 2,435±90이 나왔다. 두형토기의 형태나 이후 문화인 크로우노프카 문화의 특징이 전혀 없는 점, 그리고 얀콥스키 문화 초기의 특징인 홍도나 기하학적 문양의 토기가 상대적으로 적은 점을 감안할 때 절대연대와 상대연대치 모두 기원전

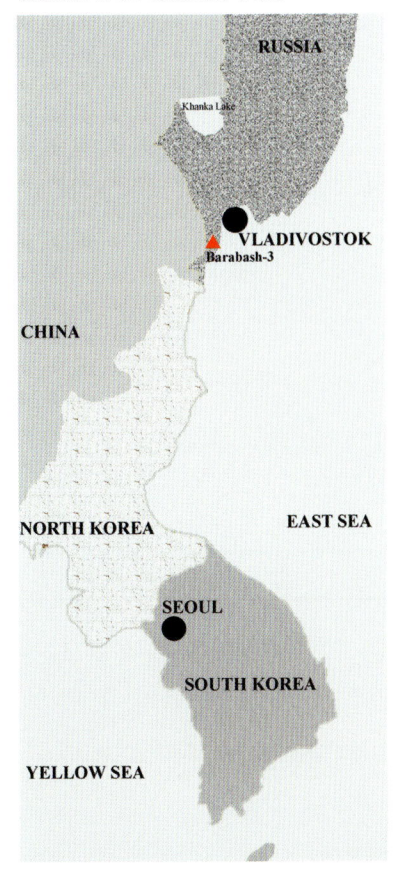

유적 위치도
Location of the Barabash-3 Site

RUSSIA

Khanka Lake

VLADIVOSTOK
Barabash-3

CHINA

NORTH KOREA

EAST SEA

SEOUL

SOUTH KOREA

YELLOW SEA

주거지 바닥
Floor of Dwelling

2호 주거지 평면도
(좌측이 철기 가공유구)
Plan of Dwelling No.2

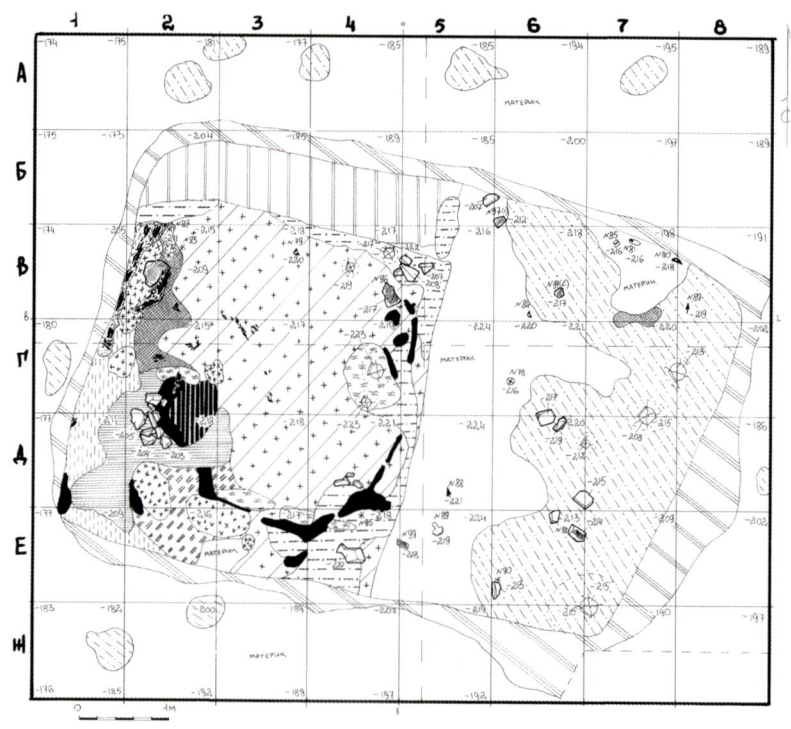

5세기대로 편년되는 얀콥스키 문화의 중기단계로 생각된다. 또한, 철기에 대한 성분분석결과 회주철과 백주철이 모두 사용되었음이 확인되었다. 회주철은 다른 얀콥스키문화 유적인 페스차느이에서도 확인된 바 있는데, 중국에서 회주철은 기원전 2세기말에나 등장하기 때문에 얀콥스키문화의 철기제작 계통에 대한 문제가 향후 과제로 제시된다.

　본 조사의 가장 큰 성과는 그간 러시아 학계에서 1950년대 말부터 주
장되어 온 극동지역의 비중국적 철기전통을 재확인할 수 있었다는 점이
다. 아무르지역의 우릴문화(기원전 11~7세기), 폴체문화(기원전 7~서기
3세기), 얀콥스키문화(기원전 9~3세기) 등에서 수십여 점의 철기와 탄
소연대치가 축척되었지만 한국을 비롯한 동아시아 학계에서는 연국의 철
기 이전에 다른 철기전통이 있었을 가능성을 부정했다. 바라바시 자체
의 연대는 극동 지역 내에서도 아주 이른 시기의 철기는 아니지만, 주거
지 내에서 석부류는 전혀 출토되지 않은 채 굴지구 계통의 철기가 나왔
다는 점은 이 지역 철기출현 과정을 잘 보여준다. 다음으로 한-러 국경
지역의 선사시대 조사라는 점이다. 그간 연해주는 발해연구에만 집중되
었지만, 두만강유역을 중심으로 하는 동북한 지역의 선사시대에 대한 구
체적이고 실증적인 자료를 제시한다는 점이다. 또한, 이번 발굴은 대학
기관의 학술발굴로 구제발굴 일변도의 학계경향에서 탈피하여 좀 더 다
각적이고 거시적인 안목에서 한국고고학을 조망하는 계기가 될 것으로
기대한다.

(집필 : 강인욱)

철기류
Iron Implements

마제석검 Stone Dagger

굴지구 Stone hoe

두형토기 Mounded Dish

어망추 Net Sinker

The Barabash-3 Site, the Maritime Province of Russia

In 2007, the archaeological survey of the Barabash-3 site, the Maritime Province of Russia, was carried out by the joint team of Department of History, Pukyong National University, and the Institute of Archaeology, Archaeology and Ethnography of the People of the Far Eastern Branch of the Russian Science Academy. At the settlement site of the Yankovskii Culture, Barabash-3, the Khasan District, a dwelling containing iron implements comprising white cast iron and grey cast iron, stone daggers and potteries and a pit structures estimated to be a workplace to pruess iron implements were unearthed. Both absolute and relative dating analyses indicate that this site was occupied in the 5th BC, thus it present that iron implement was produced in the mid-first millennium BC in the Far East of Asia.

아프리카에서 아시아로
인류의 확산을 보여주는 구석기유적

The Yarsalman Cave site, Iran

한양대학교 문화재연구소

동굴 내부에서 바라본 전면부 View from The Inner Part of Cave

본 조사는 한양대학교 문화재연구소가 '이란 카스피해 지역의 문화형성과 동서문화교류에서의 역할(The development of Iranian Culture in Caspian Region and It's role in Eurasian culture exchange)'이라는 주제로 한국학술진흥재단의 지원을 받아 역사, 종교, 고고분야로 나누어 진행 중인 해외조사 중 고고분야에 대한 조사이다. 2007년 7월 5일부터 2007년 7월 26일까지 이란 현지에서 진행된 고고학적 조사는 이란 카스피해 남부의 길란(Gilan) 지방의 주도 라쉬트(Rasht)의 동남부 일대 라히잔(Rahijan)과 루드사(Rudsar) 지역에 분포하는 여러 동굴유적들 중 도르팍(Dorfac) 산과 사마무스(Sammamus) 산 사이의 계곡부에 위치한 동굴유적들을 중심으로 진행되었다. 이번 조사를 통해 13개의 동굴유적(Cave site)를 비롯하여 3곳의 바위그늘유적(Rockshelter) 그리고 2개 지점의 플라이스토세 테라스(Pleistocene Terrace)를 조사하였으며, 그 중 야르살만 동굴유적 등 몇몇 지점은 구석기유적의 존재

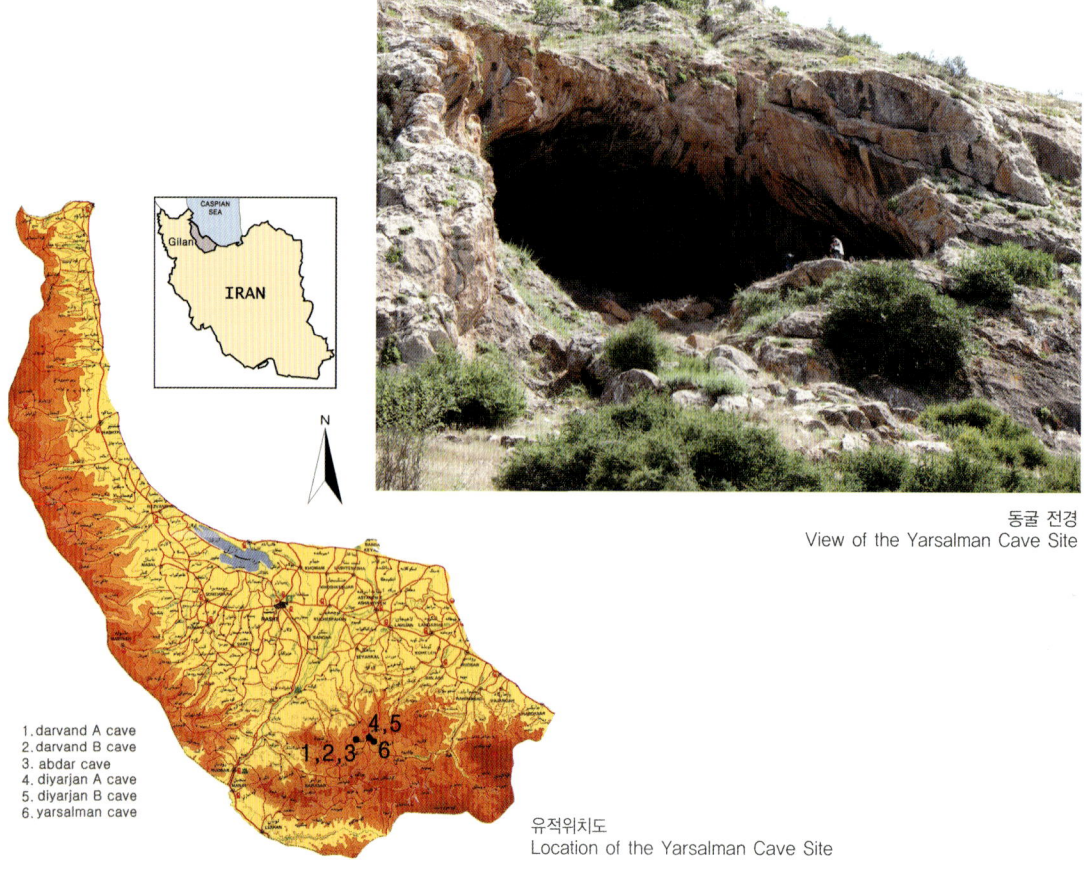

동굴 전경
View of the Yarsalman Cave Site

1. darvand A cave
2. darvand B cave
3. abdar cave
4. diyarjan A cave
5. diyarjan B cave
6. yarsalman cave

유적위치도
Location of the Yarsalman Cave Site

동굴 내부 The Inner Part of Cave

동물화석 Animal Fossil

가능성이 높은 것으로 확인되었다. 야르살만 동굴은 시알칼(Siakal)에서 남쪽으로 약 68km 정도 떨어진 지점에 위치하고 있다. 동굴의 전면부는 비교적 완만한 경사면을 이루며 계곡부까지 이어지고 있다. 장기간 노출되어 있던 석회암동굴로서 원래 동굴의 천장부분을 이루었던 부분이 함몰되어 동굴 입구에 낙석이 쌓여있다. 현재 확인되는 동굴의 규모는 길이 약 21m, 폭 약 27m이며 높이는 약 10여 m에 이른다. 동굴 입구쪽이 함몰되지 않았다면 훨씬 더 큰 규모의 내부공간을 가지고 있었을 것이다. 해발 1,742m의 고지에 위치해 있지만 비교적 접근성이 용이한 지형적 특성을 가지고 있다. 이 동굴은 현재도 현지주민들이 양치기, 휴게장소 등으로 사용하고 있으며 동굴내부에는 인위적으로 굴토한 흔적도 남아있다. 이란의 동굴유적들은 대개 도굴된 흔적이 많이 남아있는데 이는 동굴 안에 금괴가 묻혀있다는 풍문에 근거하여 금괴채취작업을 한 흔적이라고 한다. 동굴의 내부는 석회암동굴의 특성을 잘 보여주고 있으며 바닥면은 크게 2단을 이루지만 비교적 평평하게 형성되어 있다. 이 동굴에서는 동굴입구와 동굴내부의 평탄면에 모두 3곳의 테스트 피트를 구획하여 조사를 실시하였다. 동굴입구쪽의 테스트 피트에서는 층위가 두터워 바닥면을 확인하지 못하였으며 동굴 내부의 테스트 피트들에서도 비교적 상부층의 층위구조만을 확인할 수 있었다. 이 동굴에서는 동굴내부의 지표조사 과정에서 무스테리안 석기가 수습되어 주목을 받고 있다. 수습된 석기는 비록 1점이지만 전형적인 무스테리안 형식의 박편으로서 길란지역에서는 최초로 발견된 전형적인 구석기유물이라고 할 수 있다. 이외에도 동굴의 벽면에서 석회암과 지하수의 작용으로 인해 화석화된(cast) 초식동물의 아래턱뼈가 발견되었다.

이렇듯 이 동굴에서는 전형적인 무스테리안 석기와 동물화석이 동반 수습되어 구석기시대에 인류가 거주하였을 가능성이 매우 높을 것임을 강력히 암시하고 있다. 따라서 이 동굴에서 확인된 성과는 카스피해 남부의 인류확산루트를 규명하는데 있어 매우 중요한 자료가 될 전망이다. 이란 현지의 고고학자들도 이러한 점에 매우 고무되어 지속적인 조사의 필요성을 강조하고 있으며 한양대학교 문화재연구소에서는 향후 야르살만 동굴에 대한 지속적인 발굴조사를 실시할 예정이다.

(집필 : 배기동 · 이한용)

수습석기 Stone Tool

The Yarsalman Cave site, Iran

Institute of Cultural Heritage, Hanyang University, was accomplishing ground reconnaissance centred on Palaeolithic cave sites located in valleys between Mt. Dorfac and Mt. Sammamus, the southern Caspian Sea area, Iran. In this survey, 13 cave sites three rock shelters, and two Pleistocene terrales were identified. The dimension of Yarsalman cave is approximately 21 metres in length, 27 metres in width and 10 metres in height. Although this cave site is located on upland area rising 1,742 metres above the sea level, access route is not precipitous. A Moustérien flake collected in Yarsalman cave is an typical type of Palaeolithic stone tool that have firstly uncovered in the Gilan area In addition, a lower jawbone of herbivorous cast by chemical reaction of limestone and groundwater was unearthed in this cave site. These evidences positively present the possibility that human occupied in Yarsalman cave in the upper Pleistocene.

초원의 대제국 흉노(匈奴)의 대형 무덤
The Dorlicnars Site, Mongolia

국립중앙박물관, 몽골 과학아카데미 고고학연구소, 몽골 국립역사박물관

도르릭나르스유적은 울란바토르로부터 동북쪽으로 약 500km 떨어진 헨티 아이막('아이막'은 우리나라의 '도'에 해당) 바양 아드라가 솜('솜'은 우리나라의 '군'에 해당)에 위치하는 흉노무덤군이다. 흉노무덤은 지표상에 드러난 석렬로 형태가 확인되며 크게 원형과 방형으로 구분되고 규모에 따라 적석 형태, 분구의 높이 등이 다르다. 방형 무덤 중에는 묘도 시설이 있는 '철(凸)'자형이 대체로 대형에 해당되는데, 몽골

2호 무덤
Tomb No.2

2호 무덤 상부석렬 Upper Stone Line of Tomb No.2

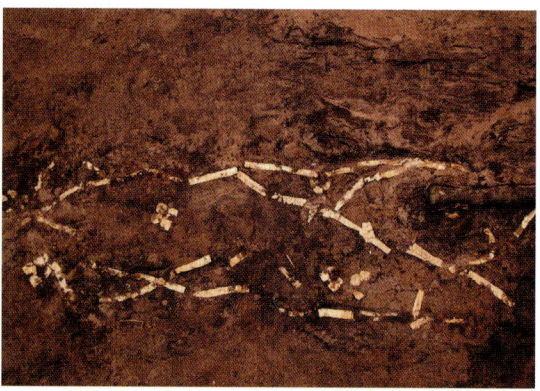

2호 무덤 금제 목관장식 노출장면 Gold Coffin Ornament in Tomb No.2

2호 무덤 한경 노출장면 Han-type Bronze Mirror in Tomb No.2

2호 무덤 청동용기 노출장면 Bronze Vessel in Tomb No.2

전역에서 이러한 형태의 흉노 무덤군은 도르릭나르스유적을 포함해 현재까지 모두 6개 지역에서만 확인되고 있다. 이 유적에는 남동쪽으로 넓게 형성된 소나무 숲 속에 200여 기의 흉노무덤이 분포하고 있다. 한-몽 공동학술조사단은 2006~2007년에 걸쳐 '철(凸)'자형 1기(2호)와 방형 2기(3호, 4호)에 대한 발굴조사를 완료하고 '철(凸)'자형 2기(1호, 5호)에 대한 실측조사를 실시하였다. 이 중 발굴조사가 완료된 '철(凸)'자형 무덤(2호 무덤)은 이 일대에서 비교적 소형에 속하는 것이나 묘광 구조와 출토유물에서 다른 형태의 무덤과 확연히 구별되는 양상을 보이고 있다.

2호 무덤은 묘광을 수직으로 굴광하였으며 일정 깊이마다 폭을 좁혀 계단 모양의 단을 만들었다. 모두 세 개의 테라스면이 확인되었는데, 이는 매장 과정 중 필요한 구조물을 설치하기 위한 것이거나 묘광의 붕괴를 방지하기 위한 것과 관련된 구조로 생각된다. 묘도는 남쪽 입구에서 부터 급경사로 가파르게 하강해 매장부의 세 번째 테라스면에 연결되며 이로부터 바닥면까지는 수직으로 굴광하였다. 표토 아래 약 2m 지점에서 확인된 첫 번째 테라스의 네 모서리가 꺾이는 부분에서는 장례 과정 중에 설치된 것으로 보이는 기둥의 구멍이 확인되었다. 또한, 두 번째 테라스면에는 매장부 보호를 위한 나무 덮개가 무덤의 단축 방향으로 덮여 있었다. 세 번째 테라스면에는 북쪽벽을 따라 말과 양, 염소 등 20마리 이상의 동물 머리뼈와 사지뼈를 가지런히 늘어 놓았고 남쪽편에는 흑칠제 마차를 부장하였다. 묘광 바닥은 지표 하 약 8m 지점에서 확인되었다. 매장시설로 목곽과 목관이 설치되었는데 목관은 목곽의 남쪽 단벽에 치우치게 안치하였다. 목관의 외벽면은 얇은 금판과 금꽃을 붙여 장식하였다. 도굴로 파괴된 목관의 내부에서는 피장자의 착장품을 중심으로 옥기, 누금장식, 호박 구슬, 금동제 말모양장식 등이 발견되었으며, 허리띠 장식 등에 감입했을 것으로 추정되는 소형 터키석들도 출토되었다. 대표적인 부장 공간은 목관과 목곽의 북벽 사이 공간이며 목곽의 남쪽과 동쪽 외부 공간에도 다량의 유물을 부장하였다.

4호 무덤 출토 동복
Bronze Vessel from Tomb No.4

방형 무덤인 3호, 4호 무덤은 이보다 작은 규모에 단순한 묘광구조를 가지고 있으나, 출토유물에서는 비교적 다양한 양상을 보인다. 2호 무덤과 마찬가지로 주된 부장 공간은 목곽 북쪽에 마련되었다. 두 무덤에서 출토된 규구경(規矩鏡), 반리문경(蟠螭文鏡), 누금장식, 금제 허리띠장식, 동복 등은 무덤의 성격을 이해하는 데에 특히 주목할 만한 유물들이다.

이상의 조사는 그간 조사가 충분히 이루어지지 못했던 흉노 대형무덤의 묘광 구조와 매장 방법을 파악할 수 있었다는 점에서 무엇보다 의의가 크다고 할 수 있다. 향후 포괄적이고 지속적인 조사를 통해 유적 내 무덤들간의 위계와 친연 관계 등을 복합적

2호 무덤 흑칠제 마차 노출장면
Chariot in Tomb No.2

으로 해석하고, 다른 무덤군과 구별되는 지역적 특징 등을 탐색함으로
써 흉노사회를 깊이있게 이해할 수 있는 토대를 마련해 가야 할 것이다.
또한, 이곳에서 출토된 다양한 유물들은 중국 한대(漢代) 문화와 북방 문
화 간의 정치적, 문화적 교섭관계를 이해하는 데에도 보탬이 될 것이며,
특히 고대 낙랑 문화 및 한국 고대사와의 비교연구도 가능하리라 생각
한다.

(집필 : 장은정)

The Dorlicnars Site, Mongolia

The Dorlicnars site is an Xingnu tumulus located in Som, Adraga, Bayang, Aimak, Henti, Mongolia. The joint archaeological research team of the National Museum of Korea and Institute of Archaeology, the Mongolian Academy of Science and the National History Museum of Mongolia completed investigation to a large-scale 凸-type tomb (No.2) and two rectangular-type tombs (No.3 and 4) in between 2006 and 2007. Burial chamber in Tomb no. 2, 8 metres in depth, installed stair type vertical platforms.Three terraces, pillar holes, stone mounds and wooden covers for protecting chamber area were identified. In 5 metres below the surface, scores of Skulls and legs of horse, sheep and goat arranged regularly on the north side and a black lacquer chariot interred on the south side. A wooden coffin adorned in gold plates and flowers installed within external coffin, and a number of grave goods comprising horse equipments, bronze vessels, Han-type bronze mirrors and personal ornaments were yielded in the interior and exterior parts of external coffin. Two rectangular-type burials which were simpler than the 凸-type tomb contained several grave furniture, such as gold belt adornments and bronze vessels. Archaeological results of this survey will provide important clues to researchers who investigate the cultural relationship among Han dynasty in China, northern steppe nomads and Korean peninsula.

3호 무덤 출토 금제 허리띠장식
Gold Girdle Ornament from
Tomb No.3

Ⅲ. 2007년도 조사현황 및 성과

2007년 선원사시대 유적조사 성과와 의의

최 성 락 (목포대학교 역사문화학부)

2007년도에도 전국적으로 2,000여 건의 발굴조사가 이루어졌다. 이 중에서 선사와 원사시대의 대표적인 유적 22개소를 중심으로 발굴조사 성과와 의의를 살펴보고자 한다.

먼저 구석기시대 유적으로는 3개소가 소개되었다. 파주 와동리 운정 유적에서는 3개의 층에서 몸돌, 격지, 주먹찌르개, 찍개, 긁개, 밀개, 여러면석기, 망치돌, 모룻돌 등의 유물이 발굴되었고, 석기제작 행위가 일부 이루어졌던 곳으로 추정되고 있다. 청원 만수리 유적은 중부지역 최대의 구석기시대 유적으로 주먹도끼, 찍개, 여러면석기, 주먹찌르개 등의 몸돌석기와 긁개·홈날·밀개·뚜르개·부리날 등의 잔손질석기가 확인되었는데 몸돌, 격지, 조각(debris) 등의 석기제작관련 유물들이 대부분이다. 그리고 화순 도산 유적의 제1~3유물층에서는 몸돌, 격지, 망치, 모룻돌, 찍개류, 여러면석기류(polyhedron and spheroid), 밀개, 긁개 등과 주먹도끼, 주먹찌르개(pick), 주먹자르개(cleaver), 주먹대패(rabot) 등이, 제4유물층에서는 돌날몸돌, 좀돌날몸돌 등이 각각 출토되었다. 이 중 화순 도산 유적은 구석기시대 중기에서 후기에 이르는 유적으로 알려졌으나 나머지 두 유적의 연대 제시가 분명하지 않아 정확한 편년에 대한 연구가 하나의 과제로 남아있다.

신석기시대 유적으로는 4개소가 소개되었는데 주거지 3개소와 패총 1개소이다. 신석기시대 조기의 존재가 제주 고산리 유적에 이어 양양 오산리 유적(C지구)에서도 확인되었다. 이 유적의 토층은 해발 4~5m 높이에 형성된 황갈색점토층(갱신세층) 위로 여러 층으로 구분되는 사구로 형성되어 있었다. 이 유적에서는 신석기시대 조기 주거지 1기, 전기 주거지 4기, 중기 주거지 1기 등이 조사되었다. 특히 오산리 유적의 최하층인 황갈색점토층(갱신세층) 상면에 형성되어 있는 흑색사질점토층에서 무문양 토기와 더불어 압날점열구획문 토기들이 출토되었다. 또한 석기로는 결합식낚시, 석촉류, 세련된 석부 등의 간석기와 더불어 몸돌, 격지 등이 주로 출토되는 가운데 소량의 좀돌날 몸돌, 좀돌날이 출토되어 신석기시대 조기까지 세석인 기법의 전통이 이어졌던 것으로 확인된 점이 특징이다.

안산 신길동 유적과 시흥 능곡동 유적에서는 각각 24기의 신석기시대 주거지가 조사되었다. 주거지는 말각방형으로 중앙에 화덕[爐址]시설과 4주식 기둥배치를 보이는 것이 특징이다. 토기는 서해안식 첨저토기와 평저토기를 포함하여 대형토기 및 이형토기 등 다양한 형태가 출토되었다. 구연부에 단사선문·점열문·조문 등의 문양이, 동체부에는 횡주어골문이나 집선문·파상문 등이 시문된 구분문계 토기와 구연부에서 동체부까지 다치구에 의한 횡주어골문을 시문한 동일문계 토기가 확인되었다. 석기류는 갈판과 갈돌, 합인석부 및 굴지구 등의 생활도구가 확인되었다.

여수 안도패총에서는 신석기시대 무덤과 생활흔적 등 25기의 유구가 조사되었다. 이 중 앙와신전장(仰臥伸展葬)으로 합장된 2구의 인골과 팔목에 5개의 팔찌를 낀 인골 등은 주목되는 자료이다. 유물은 토기류, 석기류, 골각기류 등 500여 점이 출토되었는데, 흑요석이나 조가비팔찌[貝釧] 등 주로 남해안지역 및 일본 후쿠오카(九州)지역과 관련되는 자료들이 많이 포함되어 있어 신석기시대에 이루어진 문화교류를 추정하게 한다.

다음으로 청동기시대 유적 7개소가 소개되었다. 모두 취락유적으로 주거지와 더불어 매장유구, 경작유구 등 다양한 유구들이 함께 조사되었다. 우선 기원전 14-13세기경까지 올려볼 수 있는 청동기시대 조기를 대표하는 유물인 새김덧띠무늬토기[刻目突帶文土器]가 홍천 철정리Ⅱ 유적과 경주 충효동 유적에서 확인되었다. 홍천 철정리Ⅱ 유적은 신석기시대, 청동기시대, 철기시대를 비롯하여 조선시대에 이르기까지 다양한 유구가 확인되었다. 특히, 청동기시대 주거지는 조기, 전기, 중(후)기로 편년되며 새김덧띠무늬토기, 공렬토기, 무문토기가 각 단계를 대표하는데, 강원 영서지역 청동기시대 주거지의 전반적인 흐름과 변화 양상을 파악할 수 있다. 또한 청동기시대 묘제로는 주구묘와 함께 석곽묘, 소형석관묘가 출토되어 청동기시대 묘제의 다양성을 보여주고 있다.

경주 충효동 640번지 유적에서는 청동기시대 주거지 38기, 굴립주건물지 1기, 구상유구, 통일신라시대 도로유구 등이 조사되었다. 청동기시대 주거지의 평면형태는 방형 또는 장방형이며, 바닥은 생토면을 그대로 이용하거나 불다짐하여 이용하였다. 화덕자리[爐址]는 대부분 중앙 혹은 중앙에서 벽쪽으로 조금 치우쳐서 확인되었다. 주거지의 기둥배치는 4주식, 6주식, 8주식이 확인되며 일부는 불규칙하게 배열된 형태가 나타나기도 한다. 또한 주구를 가진 주거지가 7동 확인되었는데, 말각방형의 주구를 가진 주거지가 4기, 'ㄱ'자 형태의 주구를 가진 주거지가 3기 확인되었다. 유물은 구멍무늬토기[孔列文土器], 단사선문 토기, 붉은간토기[紅陶], 돌화살촉[石鏃], 돌칼[石刀], 돌도끼[石斧], 숫돌[砥石] 등이 출토되었다. 이 유적에서 가장 주목되는 점은 경주에서 최초로 확인된 돌깐돌두름식 화덕자리[石床圍石式 爐址]를 가진 주거지와 이 주거지에서 새김덧띠무늬토기[刻目突帶文土器]가 출토된 점이다.

다른 청동기시대 유적에서도 주거지들과 함께 매장유구, 경작유구, 수리관계시설, 식물자료 등이 확인되어 청동기시대의 생활상을 복원하는 데 중요한 정보를 제공하고 있다. 경작유구의 존재로 이미 잘 알려져 있는 진주 평거동 유적(2지구)은 남강 중하류의 활주사면에 넓게 형성된 범람원에 위치하며, 청동기시대에서 삼국시대에 이르는 대규모 취락유적으로 수혈건물지, 지상식 건물지, 매장유구, 경작유구 등의 분포양상을 통해 당시의 취락구조를 이해할 수 있는 중요한 유적이다. 청동기시대 취락관련 유구는 자연제방 정상부에 밀집된 군과 자연제방 북사면에 밀집된 군 등 4개의 군으로 분리되며, 매장유구와 조합을 이루며 배치되어 있다. 또 경작유구(밭)는 신석기시대 후기~삼국시대까지의 자연제방 남쪽 침식면에서부터 측방퇴적으로 확장된 범람원 전체에 분포하고 있다.

마산 망곡리 유적은 신석기시대의 수혈유구 2기 및 유물포함층, 청동기시대의 주거지 5기, 고상식건물지 7기, 수혈유구 4기, 환호 2열, 구획묘를 포함한 무덤 33기, 수로 및 암거형 배수시설, 추정 논경작지, 구상유구, 조선시대의 도로 등 총 70여기의 유구가 확인된 복합유적으로 청동기시대가 중심이다. 또 이 유적에서는 우리나라 청동기시대 최초로 암거형 배수시설이 마련된 수로가 확인되어 이 시기 농업생산 관련 수리관계를 파악할 수 있는 중요한 자료를 마련하였다.

울산 입암리 유적에서는 통일신라시대 1개 층, 청동기시대 3개 층이 확인되었다. 청동기시대 유구는 대부분 자연제방 상에 위치한다. IV-1층에서 확인된 함정유구

27기는 열상으로 배치되어 있다. 장축은 등고선에 직교하고, 열(列)은 등고선에 평행한다. 2호 주거지를 파괴하고 조성된 것으로 볼 때, 주거지보다는 후대로 판단된다. 주거지는 울산식 주거지와 달리 벽구와 돌출구(배수구)가 확인되지 않았는데, 입지에 따른 구조 차이로 생각된다. 소형입석유구는 높이 50~70㎝, 너비 15㎝ 정도로 소형인데, 울산 지역에서 처음으로 조사되었다. 이외에도 이랑과 고랑의 형태를 가지는 밭과 방형과 유사하게 구로 구획된 밭 등의 경작유구가 확인되었다. 유물은 주거지에서 대부분 출토되었는데, 유적의 연대는 출토유물로 볼 때 청동기시대 후기 전반으로 추정된다.

울산 정자동 유적은 해발고도 60~75m의 구릉성 산지 정상부 평탄면에 위치하는 청동기시대 생활유적이다. 이 유적에서 확인된 유구는 청동기시대 주거지 48동, 수혈 2기, 민묘 1기, 적석유구 1기이다. 주거지의 형태는 장방형과 방형의 주거지가 대부분이며 주거지 부속시설로는 벽구와 노지, 주혈, 배수구, 벽주혈 등이 확인되고 있다. 출토된 유물은 공렬문과 단사선문의 무문토기류와 석촉, 석부, 반월형석도, 석착 등의 석기류, 토제의 방추차와 어망추 등이 다수 출토되었다.

천안 백석동 고재미골 유적은 기존에 조사된 주거지들과 수량을 합산할 경우, 모두 204기로서 중부권에서는 최대 규모의 청동기시대 취락이다. 그리고 청동기시대 사람들이 살았을 당시의 생활환경과 식생활을 반영해주는 다량의 곡류·야생씨앗들이 확인된 점이 중요한 성과라 할 수 있을 것이다.

그리고 초기철기시대 유적은 2개소가 소개되었는데 모두 무덤유적이다. 사천 월성리 유적에서는 청동기시대로부터 고려·조선시대에 이르는 다양한 무덤이 확인되었다. 특히 주목되는 것은 경남지역에서 정식 발굴조사를 통해 처음으로 다뉴세문경(多紐細文鏡)이 출토된 점이다. 동경(銅鏡)은 다소 거친 문양형식으로 다뉴조문경에서 다뉴세문경에 이르는 중간 형식이다.

완주 갈동유적에서는 초기철기시대 무덤 13기가 새로이 조사되었다. 무덤의 규모는 길이 200~300cm, 깊이 30~100cm 정도이다. 무덤의 내부에는 토기와 청동거울, 청동검, 청동투겁창, 청동도끼 등의 다양한 청동기, 철기, 옥 등이 부장품으로 확인되었다. 이 유적에서는 토광목관·목곽·통나무관 등 다양한 무덤형태가 발견되었다.

원삼국시대(삼국시대 전기) 유적은 6개소로 취락유적 3개소와 무덤유적 3개소이다. 먼저 취락 유적인 가평 항사리 유적과 남양주 장현리 유적은 유사성이 보이는 유적이다. 가평 항사리 유적은 대규모 취락유적으로 원삼국시대 주거지 47기 등 총 136기의 유구가 확인되었다. 원삼국시대 주거지는 평면형태에 따라 철(凸)자형, 여(呂)자형, 육각형, 방형의 주거지로 구분되며, 배치는 대형 주거지 2~3기가 군을 이루고 있는 형태이다. 내부시설로는 화덕시설[爐址], 부뚜막, 구들, 기둥자리[柱穴] 등이 있다. 주거지 주변 구덩이[竪穴]는 곡물 저장시설 혹은 폐기장(廢棄場)으로 판단된다. 출토유물은 경질무문토기(硬質無文土器)가 다수를 차지하며, 타날문토기(打捺文土器)와 철제낫[鐵鎌], 손칼[鐵刀子] 등의 각종 철기류, 유리구슬, 탄화 곡물 등이 출토되었다. 또 남양주 장현리 유적에서도 155기에 이르는 원삼국시대 유구가 확인되었다. 주거지는 출입시설이 마련된 철(凸)자형 주거지가 대부분이고, 내부시설로 화덕, 구들시설, 벽구 등이 확인되었다. 출토유물은 경질무문토기, 타날문토기, 철기 등이 있다.

한편 제주 하귀1리 유적에서는 수혈주거지를 비롯하여 생활용수 공급원으로서 집수정, 저수시설 등이 확인되었다. 그리고 수혈주거지와 조합을 이루는 것으로 판단되는 지상건물지도 주거지와 동일하게 등 간격으로 확인되었다. 또 평면 원형의 대형건물지도 확인되었는데 다양한 내부직경과 대부분이 대형인 점을 감안하면 일반적인 주거용도가 아닌 다른 목적의 시설물일 가능성이 있다. 또한 생활공간 내에서의 제의(祭儀)행위를 엿볼 수 있는 유구도 다수 확인되었다.

마지막으로 분묘유적으로는 3개소의 유적이 조사되었다. 분묘는 지역별로 다른 형태를 보여주고 있다. 주구토광묘와 토광묘가 확인된 아산 명암리 밖지므레 유적에서는 토기류, 철기류, 청동제품, 각종 구슬류와 토제방추자 등이 출토되었다. 토기에는 원통형토기와 계형(鷄形)토기가 있고, 철기류에는 환두대도, 철모, 철부, 철겸, 도자, 철착, 철촉, 마구 등이, 청동제품으로는 마형대구와 청동종이 출토되었다.

목관묘와 옹관묘 총 160기가 경산 신대리 유적에서 조사되었다. 목관묘의 장축방향은 거의 모두 동-서이다. 목관의 형태는 판재식과 통나무관으로 구별되는데 판재식이 주류를 이룬다. 출토 유물은 호형대구, 마형대구, 청동팔찌 등의 청동제유물과 조합식우각형파수부호, 주머니호, 옹, 단경호 등의 전기 와질토기가 있으며, 또 철검, 철모, 철부 등의 철기류와 유리제의 장신구류도 출토되었다.

목관묘, 목곽묘, 옹관묘가 조사된 경주 황성동 575번지 유적은 경주분지의 북서쪽에 위치한다. 이 유적의 원삼국시대 유구는 목관묘 16기, 목곽묘 74기, 옹관묘 37기가 조사되었다. 목관묘에서는 주머니호, 우각형파수부호, 소옹 등 토기류, 청동검파, 청동팔찌, 철겸, 철부, 철검, 철촉 등 금속류와 유리제 경식이 출토되었다. 그밖에 청동검파부철검[靑銅劍把附鐵劍]과 청동팔찌[靑銅釧]도 출토되었다. 목곽묘에서는 토기류, 금속류, 유리 및 옥류 등이 출토되었다. 특히 주목되는 유물은 20호 목곽묘에서 오리모양토기 3점과 함께 출토된 부엉이모양토기이다.

이상과 같이 대표적인 유적을 중심으로 유적조사 성과를 정리해 보았다. 이 유적들에서는 대규모 발굴을 통해 다양한 유구들이 조사되었다. 즉 선사 및 원사시대 유구와 더불어 역사시대 유구도 함께 확인되었다. 이 유적들을 정리하는 과정에서 느낀 점을 요약하면 다음과 같다.

첫째, 시대구분과 연대에 대한 의견이다. 청동기시대에는 청동기가 전혀 없고, 청동기가 나타나고 있는 무덤을 초기철기시대로 분류하는 것이 타당한 설명인지 의문이다. 오히려 초기철기시대를 청동기시대에 합쳐서 설명하는 것이 용이하지 않을까 한다. 또 청동기시대의 상한연대를 기원전 14~13세기로 올려 보아야 할 것이다.

둘째, 발굴이 대부분 구제발굴로 규모에 비하면 과학적 분석이 얼마나 이루어지고 있는지 궁금하다. 구제발굴이지만 어디까지나 고고학의 연구목적을 수행하는 과정이므로 과거 문화를 복원하기 위한 노력이 절대적으로 요구된다.

셋째, 앞에서 소개된 유적은 2007년에 우리나라를 대표하는 발굴 유적으로 그 성과가 적지 아니하지만 과연 이 유적들 중에서 어느 유적이 보존될지 의문이다. 이러한 유적이 모두 개발에 밀려 사라진다면 과연 후손들에게 남겨줄 유적이 있을지 걱정스럽다. 개발에 앞서 사전조사가 시행되면서 중요한 유적일 경우 남기겠다는 취지가 잘못 변질되어 사전조사가 개발을 위한 조사가 되었고, 더 나아가 개발의 걸림돌로 작용하고 있다. 아무튼 중요한 유적의 경우 보존되기를 바라는 마음이다.

결국 전국적으로 국토개발과 더불어 대규모 발굴이 진행되고 있음을 알 수 있다. 이를 통해 얻을 수 있는 것이 단순히 중요한 유구와 유물의 발견에서 벗어나 고고학의 본래 연구목적이 무엇인지 재차 생각해 보아야 할 것이다.

2007년 역사시대 유적조사 성과와 의의

이 성 주 (강릉대학교 사학과)

역사시대의 유적은 선사시대의 그것과는 비교할 수 없을 정도로 복잡하고 규모가 크며 구조화되어 있기 마련이다. 선사시대에도 규모가 큰 농경취락이 있을 수도 있겠지만, 이를테면 한성백제 시기의 풍납토성과 같이 다양한 기능의 유구들이 복잡하게 집중되고 시설물들이 대규모의 구조로 배치된 도성유적과 같을 수는 없을 것이다. 또한 역사시대에는 일정 전문 시설물만이 집중된 특수기능의 유적이 다양하게 분화되는 양상을 살필 수 있다. 예를 들면 그릇의 대량생산을 위한 토기가마, 정비된 도로, 산성과 같은 대규모 전문 방어시설 등은 역시 고대국가로 성장하던 삼국시대 이후의 사회에서나 나타날 수 있는 고고 유적이다.

그 규모와 복잡성으로 인하여 역사시대 유적의 조사에는 무엇보다 정교하고도 체계적인 발굴방법이 요구된다. 그리고 그와 같이 복잡한 조사절차를 통해 수집된 자료에는 복합사회의 다양한 측면들이 유물의 형태와 분포에 반영되어 있을 것이므로 다양한 접근방법과 해석의 관점이 필요하게 된다. 예컨대 발굴조사를 통해 확인된 대형 건물지 혹은 건축물군의 존재는 그것의 지리적인 위치나 규모 등을 이웃한 다른 건물지군들과 비교분석하면 당시의 행정조직에 대해 추론할 자료가 되지만 기와 및 석재의 수급관계에 대한 검토를 통해서는 고대국가 생산·분배체계의 한 단면에 접근할 수도 있다. 그러나 다른 한편으로 건축물의 양식에 대한 연구를 통해 건축사적인 해석이 가능하며, 구조물의 입지와 배치 등은 당시인의 세계관이나 이념체계에 접근할 수 있는 논거를 제공해 줄 것이다. 물론 선사시대의 유적이나 구조물이 그러한 복잡성과 다의성을 내포하고 있지 않다는 뜻은 아니지만, 역사시대 유적의 조사와 해석에서는 각별히 그 복잡한 성격을 전제해 두지 않으면 안 된다는 것이다.

최근 20년여 동안 역사시대 유적의 조사에서는 괄목할 만한 성장이 있었다. 성곽과 같은 대규모 구조물에 대한 체계적인 조사가 빈번히 이루어졌고, 대벽건물이라든가 구들시설과 같이 지금까지 그 구조가 제대로 정의되지 않았던 유구들이 새롭게 알려졌으며, 부여나 경주 등과 같은 고대도시의 일부분이 노출되기도 했다. 그런데 역사시대 유적 조사의 가장 큰 성과는 중·근세 유적에 대한 조사에서 두드러졌다고 본다. 그동안 남북국시대 이후 중·근세에 있어서는 가마터나 성곽과 같은 일부 특수기능 유적만이 주목을 받아 왔을 뿐이었고 그에 대한 조사과정에서도 실은 고고학적인 관점에서 충분한 검토를 거치지 못했던 것이 사실이었다. 그러나 최근 고려 및 조선시대의 공동묘지, 관아지 및 대형 건물지, 그리고 도시유적의 부분적 발굴 등을 통해서 전에 보지 못했던 중·근세의 자료들을 볼 수 있게 되었을 뿐만 아니라, 고고학적인 견지에서의 체계적인 조사와 연구도 상당한 수준에서 진행되고 있다.

그러나 이와 같이 새로운 성격의 유구들이나 지금까지 볼 수 없었던 규모의 유적은 학술적인 목적에 의한 기획 조사를 통해서가 아니라 구제발굴을 통한 우연적인 발견이었다는데 한계를 가질 수밖에 없다고 본다. 역사시대 유적에 대한 최근의 발견들이 고고학의 학문적 성장에 크게 도움이 된 것은 사실이지만, 고고학의 문제제기를 통해 고고학적 자료수집이 이루어지고 질문에 대한 대답과 그에 대한 평가가 교대되는 자연스런 학술적 발전이라고는 말할 수 없다. 그래서 흔히 새로운 발견이 있고 난 뒤 우리의 관심은 주변지역의 유사사례에 두어졌고 양식론적인 비교를 통한 상호의 영향관계에 대한 해석만이 논의의 거의 전부가 아니었을까 한다. 앞서 말한 바와 같이 관점에 따라서 꼭 같은 유구의 구조와 배치를 놓고서 서로 다른 문제를 제기할 수 있고 서로 다른 측면의 분석과 해석을 시도해 볼만한 것이 역사시대 유적이다.

2007년도에도 다양한 성격의 역사시대 유적들이 대규모 구제발굴을 통해 조사되었다. 특히 행정복합도시 건설을 비롯하여 역시 기호지역에 개발 사업이 집중됨에 따라 백제의 유적에서 조사 성과가 많았다. 특히 고대국가 백제의 중심지에서 도시유적의 일부가 확인되기도 했고 왕실사찰 유적도 발굴되어 문헌기록과 대비시켜 볼 만한 물질자료들이 확인된 것이 중요한 성과라고 할 수 있다. 부여 쌍북리 북포유적과 현내들유적의 발굴은 도로공사구간으로 포함된 좁고 긴 구간에 대한 조사이다. 북포 발굴조사구간은 부소산성 북쪽 직하의 강변 대지에 위치하는데, 이곳 지명이 지금 도 '북포(北浦)'로 남아 있는 것을 보면 삼국사기에 나오는 궁성에서 강을 건너 왕 흥사로 갈 때 북포를 이용했다는 기록의 그 지명에 해당될 가능성이 크다. 강을 건 너는데 사용했을 배를 대는 접안시설과 같은 것은 확인되지 않았지만 상하층에 걸 친 도로유구와 수로가 확인되었다. 현내들 조사구간은 부소산성 동남쪽 구릉 말단 부에서 북포구간에 이어지는 충적지에 대한 조사로 당시에는 습지에 가까운 저지대 였던 것으로 드러났다. 아주 부분적이긴 하지만 이 조사구간에서는 동서, 남북으로 도로가 방격으로 조성되어 있음이 확인되어 사비 도성의 도시계획 범위에 포함됨을 알 수 있다. 도로 규모는 양쪽 배수로를 포함하여 10m 내외의 폭으로 설치된 것이 있고 6m 내외의 것도 있는데, 도로는 두 개의 층에서 확인되고 있으며 도로변에 지 상건물지도 노출되고 있다.

부여 규암면 신리에 소재한 왕흥사지(王興寺址)는 그동안 7차례에 걸쳐 발굴되어 목탑지, 회랑지, 축대와 진입로 등 백제사찰의 대체적인 양상이 확인된 바 있다. 2007 년에 이루어진 8차 조사에서는 목탑지의 규모와 내부구조의 확인에 주력하여 목탑 지 정중앙 기단토의 약 50cm 아래에서 크기 100×110cm, 두께 45cm의 심초석이 확 인되었다. 심초석의 남쪽편에 16×12×16cm의 네모난 사리공을 만들어 그 안에 사 리기를 봉안하고 이를 석제뚜껑으로 덮었다. 이 사리공 주변에서 여러 종류의 사리 공양구가 수습되었는데 금·은·동합금, 옥, 유리, 철제의 장식구들이다. 환, 이식, 금모장식, 탄목금구, 구슬, 금사 등의 금제품들은 무령왕릉을 비롯한 고분의 부장품 과 아주 유사하다. 사리공 내부에서 출토된 금제, 은제 그리고 청동의 3중 사리기 중 청동사리합에는 29자로 "정유년(577년) 2월 15일 백제 창왕이 죽은 왕자를 위해 절 (또는 목탑)을 세우고 본래 사리 두 매를 묻었을 때 신의 조화로 셋이 되었다"라는 명문이 음각 시문되어 있다. 왕흥사는 『삼국사기』와 『삼국유사』에 창건과 관련된 기 사가 나오는 사찰로, 문헌상의 창건연대와 일치하지 않는 명문이 나와 앞으로 백제 사의 쟁점 중에 하나로 남을 듯 싶다.

익산의 왕궁리 일원은 1989년 이래 국립부여문화재연구소가 꾸준히 발굴조사 해 왔다. 백제 무왕(武王, A.D.600~641)에 의해 조성된 왕궁리 궁성에 대한 그간 조 사로 대형 전각건물지 및 와적기단건물지, 공방 등이 확인되었는데, 이번 2007년도 조사에서는 궁성의 후원으로 연결되는 구간에서 일종의 정원시설이 발견되었다. 정 원 중앙에는 괴석과 강자갈을 깔았고 석조시설을 조성하여 배수로를 통해 정원 중앙으로 물을 공급하게 하였다. 석축하여 정원으로 들어오는 출입시설을 마련하고 누정 건물도 조성했음이 확인되었다. 이와 같은 백제 원림의 조성방식과 그 배후의 원리에 대해서는 앞으로도 면밀한 검토가 필요하다.

백제의 지방고분군으로 성남 판교유적, 연기 송원리유적, 그리고 고창 오호리유적에서 서로 시기와 성격을 달리하는 횡혈식 석실분이 발견되어 백제 지방세력의 성격을 이해하는데 중요한 자료가 되고 있다. 연기 송원리유적에서는 2006년 8월부터 행정중심복합도시 조성을 위한 구제발굴이 진행되었는데, 청동기시대 주거지와 함께 백제의 다양한 고분인 횡혈식석실분, 석곽묘, 목관묘, 주구목관묘가 확인되었다. 백제 고분군은 대개 구릉의 정상부를 중심으로 형성되어 있으며, Ⅰ-1지구와 Ⅰ-2지구의 구릉에는 횡혈식석실분, 석곽묘 그리고 목관묘가 축조되어 있고, Ⅰ-3지구를 중심으로는 주구토광묘가 집중 분포한다. 석실분의 평면형은 대체로 정방형에 가까우며 천장의 형태에 따라 궁륭상의 천장과 평천장으로 구분된다. 이 중 16호분은 Ⅰ-1지구의 구릉 가장 높은 곳에 위치하는데 한성기 횡혈식석실 중 최대 규모이다. 석실의 길이는 474㎝, 너비는 474㎝이며 잔존 깊이가 348㎝이고 묘도의 길이까지 합하면 모두 12m에 이른다. 석실의 평면형은 정방형이고 네 벽을 쌓을 때 배를 부풀리듯 석축하는 이른바 동장수법(胴張手法)으로 축조한 것이 특징이며, 천정은 궁륭상의 구조이다. 석실 남벽으로 난 묘도는 448㎝의 길이로 지하에 약 35°의 각도를 이루며 마련되어 있으며, 묘도를 안내하는 표시돌이 일정 간격으로 배치되어 있다. 삼국시대 석실분에서는 잘 볼 수 없는 지하식 묘도(墓道)와 묘도 표시돌[墓表石]의 존재가 확인됨으로서 백제 석실분 안에서 시기적, 지역적 관련성은 물론 중국과 일본 석실분 사이의 관계를 설명하는데 중요한 자료라고 생각된다. 이 석실분은 그 상징적인 입지도 흥미롭지만 묘도에서 출토된 기대와 개배, 광구, 장경호 등 토기형식의 비교를 통해 한성기 말기의 고분으로 이해되는데, 금강유역에 있어서의 백제 지방세력의 성격에 대한 논의가 필요하다고 본다.

성남 판교 신도시 택지개발사업 시행을 위해 판교유적에 대한 구제발굴조사가 이루어졌다. 시굴에서 발굴까지 약 6개년에 걸친 조사를 통해 구석기시대부터 조선시대에 이르는 다양한 시기와 성격의 유구가 확인되었다. 그중 백제의 횡혈식석실분 9기가 노출되었는데 대체로 5세기경의 자료로 파악된다. 16구역에서 확인된 횡혈식석실분들은 반지하식 장방형석실에 우측에 연도를 낸 형식으로, 송원리의 것과 마찬가지로 네 벽을 배부르게 축조한 동장수법을 보여준다. 부장유물로는 석실 내부에서 직립구연단경호와 고배, 완과 같은 토기류 그리고 3호분에서는 은제 팔찌와 뒤꽂이 등이 출토되었다. 19구역에서도 2기의 석실분이 노출되었는데, 그 중 1호 석실분은 한 봉분 안에 두 개의 석실이 조성된 쌍실분(雙室墳)이다. 19구역의 석실분은 천장의 구조가 모죽임 방식을 사용했고, 특히 2호분의 경우에는 관대로 추정되는 시설이 확인되어 조사자는 이 유구를 고구려계 석실로 추정하였다. 최근 한강유역에서 고구려계의 유구와 유물들이 빈번히 노출되는 정황에서 보면 자연스런 현상이라 여겨진다.

고창 오호리유적에서도 백제의 횡혈식석실분이 8기 조사되었다. 석실분만 단독으로 확인된 것이 아니라 석곽묘, 주구토광묘 및 옹관묘와 함께 고분군을 형성하고 있는데, 일정한 묘제가 특별히 분리되지 않고 혼재된 상태로 분포한다. 주구토광묘와 석실에서 출토된 유물을 비교하면 약간의 시차는 존재하지만 거의 동시기에 가깝다는 점이 특이하다. 8기의 석실분 중 대부분은 교란되었으나, 잔존상태가 비교적 양호한 5호분의 경우 반지하식의 장방형석실에 단변 우측으로 바닥에 길게 배수로를 마련한 연도를 구축하였다. 특히 5호분에서는 개배와 수식이 생략된 금제이식 그리고 청동인장이 1점 출토되었다. 인면(印面)은 한 변의 길이가 약 2.5cm 내외의 정방형이며 상부에 고리형의 손잡이가 달려 있고 인장에 새겨진 글씨 중 읽을 수 있는 것은 'O義將軍之印'이다. 지금까지 삼국시대 인장이 확인된 예는 경주 안압지에서 출토된 목인(木印)이 유일하다는 사실을 감안하면 인장이 부장된 고분의 발견은 극히 예외적인 현상이며, 전북 서남부지역에 대한 백제의 통합과정을 이해하는데 중요한 단서가 아닐까 한다.

지금까지 말한 횡혈식석실분의 존재가 백제 지방세력의 성격을 이해하는데 중요하다면, 최근 호남지방에서 발굴조사 사례가 급증하고 있는 삼국시대 대규모 취락유적은 지역집단의 생활상과 사회조직을 설명하는데 매우 중요한 자료가 된다. 특히 호남지방의 취락유적은 수혈주거지만으로 구성된 것이 아니라 주거지 이외의 수혈유구와 창고, 생산시설, 우물, 구(溝), 도로 등 다양한 시설이 일정 공간 내에 분할 배치되어 있고, 여기에 생활공간과는 어느 정도 분리된 상태로 분묘공간이 조성되어 있기도 하다. 2007년도에 2차 발굴조사가 이루어진 담양 태목리 유적도 그와 같은 호남지역 삼국시대 대규모 취락의 특징을 가지고 있다. 이 태목리 취락은 청동기시대로부터 삼국시대에 걸쳐 지속적으로 주거가 조성되어 2차 발굴에서만 400여 기의 주거지가 발굴되었다. 삼국시대 주거지의 구조를 보면 이 호남지역 수혈주거지의 전형적인 특징으로 알려진 벽구와 4주공식 수혈주거가 오히려 적다는 점이 흥미롭다. 삼국시대가 되면 담양 태목리유적은 주거공간만으로 활용되는 것이 아니라,

인접하여 분묘공간이 분할되고 제형(梯形)의 주구묘들이 축적되어감으로써 분묘공간
이 채워지게 된다. 이와 같은 유적의 형성과정은 취락과 분묘의 공간조직이나 성장패
턴을 분석해 보면 당시 사회조직에 대해 설명해 볼 수 있는 귀중한 자료가 될 것이다.

　신라·가야지역의 유적 중에는 대구 시지동유적과 같이 주거지와 기타 건축물, 각
종 취락시설 및 생산유구, 그리고 제의시설과 고분군 등이 집중되는 대규모 취락이
심심치 않게 조사되고 있다. 일반주거, 생산유구, 제의공간, 분묘군 등이 서로 시차
를 가지고 형성되는 수도 있지만 동시기에 동일한 지역집단에 의해 조성된 유적도 있
다. 그리고 이러한 대규모 취락은 흔히 대구 구암동-동천동유적이나 시지동유적처럼
하안 충적대지나 낮은 구릉을 포함한 선상지에 형성되는 것이 보통이다. 2007년도
신라·가야지역에서 발굴된 취락유적 중 복합적인 성격을 지닌 유적으로 진주 중천
리유적, 대구 봉무동유적, 부산 기장 청강리·대라리유적 등이 있는데 이들은 구릉정
상부나 완만한 구릉의 사면에 입지하고 있다. 이와 같은 취락형성의 상태를 보면 삼
국시대의 지역집단에 의해 선택된 취락의 입지가 그리 단순한 것은 아니라는 사실을
알 수 있게 된다.

　기장 청강·대라리유적은 부산-울산간 고속도로 건설구간에 포함되어 구제발굴조
사가 이루어졌다. 유적은 고속도로의 진행방향과 거의 직교하면서 동서로 뻗어 나가
는 능선들 위에 형성되어 있다. 제Ⅰ지구에 해당되는 제일 남쪽 능선으로부터 제Ⅳ지
구 능선까지 4가닥의 능선(해발 110~140m) 상에 유적이 위치한다. 구릉별로 보면 목
곽묘군(제Ⅰ지구), 생활공간(제Ⅱ·Ⅲ지구), 제사 시설(제Ⅳ지구)이 입지하고 있는데,
출토유물 상으로 보면 제Ⅰ지구의 분묘군과 제Ⅱ·Ⅲ의 생활유적이 4~5세기의 동시
대에 속하고 제Ⅲ지구 취락의 일부와 제Ⅳ지구의 목책열로 쌓인 이른바 제의 시설이
6세기경에 속한다고 말할 수 있다. 따라서 모든 유구들이 동시기에 속하는 것이 아니
고 두 시기에 걸쳐 점유되었던 유적으로 보이며, 생활유적이 폐기된 이후 횡구식고분
이 들어선 것으로 볼 수 있다. 그리고 제Ⅳ지구에서 노출된 여러 겹의 목책열로 둘러
싸인 대형 굴립주건물지의 경우 제사유구로 판정하기에는 증거가 부족하고, 보호가
필요한 지배자의 저택이나 저장시설이 있었을 가능성이 더 높다.

　대구 봉무동유적은 이미 알려진 중심고분군 및 중심취락이라 할 수 있는 불로동고
분군 및 봉무동토성과 함께 생각하지 않으면 안 되는 유적이다. 유적의 동쪽으로 경
사져 올라가는 구간에 형성된 고분군은 아마도 불로동-봉무동고분군의 연장으로 보
아야 할 것이고, 따로 떨어져 확인된 원삼국시대 옹관묘는 봉무동 중심취락의 형성과
관련이 있는 분묘일 것이다. 당시의 옹관묘로서는 대형이고 안테나장식으로 된 칠초

청동검파부철검이 출토된 것은 희귀한 사례로 이해된다. 흥미로운 점은 부정형의 대형 수혈과 작은 원형 수혈이 밀집된 수혈군이라 하겠는데, 저지와 구릉지의 경계지대에 형성된 것으로 보아 봉무동 중심취락의 존속기간 중에 저장시설 등 특수한 용도로 사용된 시설물이었을 것으로 보인다.

진주 중천리유적은 남강의 지천변을 따라 형성된 완만한 침식성 사면에 형성된 유적이다. 청동기시대 석관묘가 9기나 노출되었고 같은 시기 수혈유구도 여러 기가 확인되었으므로 선사시대 유구의 비중도 높다. 그러나 주류는 삼국시대의 수혈주거지와 고상건물지 및 기타 수혈유구들이 밀집된 상태이고 우물, 도로, 주혈군과 같은 취락 부속유구도 확인되며 여기에 제사유구로 보이는 수혈유구가 5기 노출되었다. 토제 투구 혹은 가면과 같은 제의용 유물이 매납된 수혈유구와 소와 또 하나의 동물 한 개채씩이 통째로 매납된 원형수혈도 발견되어 제의용 유구로 보는 것이다. 이후 고려 및 조선시기의 유구들도 확인되는데 수혈주거지 5기, 적심건물지, 삼가마 9기, 기와가마 2기, 우물 등이 드러나 여러 시기에 걸쳐 복잡하게 형성된 유적임을 알 수 있다. 가야 주거유적은 최근 들어서 조사례가 늘어나는 편인데, 구릉 사면의 말단부를 따라 모두 12기의 수혈주거가 확인되었고 고상건물지도 주거유구로 파악된다. 수혈주거지는 2~4기씩 무리를 이루어 분포하며 주로 말각방형이나 말각장방형이 많지만 원형이나 타원형 평면형도 있고, 벽도랑, 벽기둥, 기둥구멍, 부뚜막 및 벽구들 시설 등 다양한 시설물을 갖추고 있다. 특히 주거공간의 아래쪽 즉 저지의 곡부와 자연적으로 경계를 이루는 옛 하도의 수변을 따라서 제사 혹은 의례적 행위와 결부된 유구가 분포하고 있는 점은 당시 취락생활의 한 단면을 이해하는데 중요한 자료라고 생각된다. 특히 어린 소 1개체분을 절단한 후 근육과 가죽이 남겨진 상태에서 의도적으로 매장한 삼국시대의 원형수혈과 투구형 토제품이 출토된 수혈유구의 양상은 당시의 제사행위를 추론해 볼 수 있어 흥미롭다.

2007년도의 조사에서도 하나의 지역집단이 장기간 조영해 온 삼국시대 고분군에 대한 전면 발굴 자료가 추가되었고 산성 내 대형 목조시설물과 문자자료가 발견되었다. 저수지 축조에 따른 수몰지구 발굴에서 확인된 청도 성곡리유적이 그것인데, 4세기 후반에서 약 150년간 900여 기의 분묘가 밀집된 지역집단의 공동묘지이다. 삼국~통일신라시대 봉토분 2기를 포함하여 수혈식석곽묘와 석곽옹관묘가 모두 852기로 절대 다수를 차지하고 옹관묘는 3기 포함될 뿐이다. 유물은 토기류를 중심으로 한 소박한 부장인데 금동제이식과 마구류로는 재갈이 있을 뿐이다. 이 고분군은 입지와 분포에서 매우 특이한 점이 있는데, 고분군의 확장이 능선을 따라 사면

총괄 | 최맹식

기획 | 최맹식, 홍형우, 김동훈, 변영환

편집위원 | 최병현, 한창균, 이청규, 박순발

감수위원 | 최성락, 한창균, 이청규, 박순발, 김용성

논고집필 | 최성락, 이성주

편집 및 교정 | 홍형우, 김동훈, 변영환, 이지연

영문번역 | 박해운

2007 한국고고학저널
Journal of Korean Archaeology

편저자 | 국립문화재연구소
발행처 | 주류성 출판사
인쇄일 | 2008년 11월 20일
발행일 | 2008년 11월 30일
등록일 | 1992년 3월 19일 제 21-325호
주 소 | 서울특별시 서초구 서초동 1308-25 강남오피스텔 1212호
TEL | 02-3481-1024(대표전화)
FAX | 02-3482-0656
HOMEPAGE | www.juluesung.co.kr
E-MAIL | juluesung@yahoo.co.kr

값 20,000원

ISBN 978-89-6246-009-4

잘못된 책은 교환해 드립니다.

2007

한국고고학저널
Journal of Korean Archaeology